KB139298

하필,
여행을 떠났다

낯선 길 위에서 다른 나를 만나다

글·사진 여병구

하필, 여행을 떠났다

낮선 길 위에서 다른 나를 만나다

글·사진 여병구

노란잠수함

차례

Prologue **여행의 시작** 008

여행자의 전율

떠나오길 잘 했다. 시선을 압도하는 공활한 풍경과
따뜻한 사람들의 눈빛 덕에 기쁨이 넘치는 여정이었다.

02 / 怒

보이지 않았던 것들

보이는 길 밖에도 세상은 있다. 내가 보지 못했고 미처 알지 못했던,
그러나 여행이 들려준 낯선 장면들.

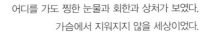

03 / 哀

낯설고도 익숙한 슬픔

어디를 가도 찡한 눈물과 회한과 상처가 보였다,
가슴에서 지워지지 않을 세상이었다.

길을 떠나온 이유

이유 없이 떠나온 줄 알았다. 하지만 어느 골목에서 불현듯 알게 됐다.
내가 떠나왔던 이유를, 여행이 주는 진짜 즐거움!

쿠바의 비날레스 전경.
시가를 만드는 담뱃잎을 재배하는 농장

여행의 시작

태어나 처음으로 혼자서 돈을 내고 버스에 탔던 어린 시절의 떨리고 불안했던 순간을 기억하고 있다. 마치 닐 암스트롱이 달에 착륙하며 내디뎠던 첫발의 무게감과 별반 다르지 않았던 것 같다. 설레면서도 불안한 마음에 계속 주위를 돌아보느라 식은땀이 났다. 나의 여행은 그때부터 시작됐다. 그 후 버스를 타거나 기차에 올라 낯선 어딘가로 향하면서 창 너머로 빠르게 지나가는 풍경을 보며 글을 끄적거리는 것이 나에게는 행복이었다. 늘 마음속으로 더 넓은 곳으로 다가가고 싶었던 어릴 적 소망은 시간을 훌쩍 뛰어넘은 지금 언제든, 세상 어디로든, 떠날 수 있는 여행자로 만들었다. 아직도 나는 어린 시절의 흥분을 잊지 못한다.

여행을 떠나면서 가장 많이 접하는 것이 낯선 사람과 자연, 동물, 도시, 문화, 역사 그리고 음식이다. 내가 살고 있는 나라에서 경험하는 모든 것을 전혀 다른 공간에서 접하고 느끼고 경험하는 모든 것은 내 인생에 행복을 축적하게 만드는 소중한 여정이었다. 하지만 낯선 도시와 자연이 기대보다 실망스러웠던 적도 있었다. 마냥 즐겁기만 한 여행을 희망하는 이들에게는 인정하기 싫은 쓴소리가 될 수 있겠지만, 안타깝게도 고단하고 그리 좋지 않은 상황과 정면으로 맞닥뜨리고 마는 여행의 순간은 항상 존재한다. 그때마다 나는 상처받지 않을 방법을 찾아 고민하다 글을 쓰기 시작했다. 적잖이 당황스럽고, 더러 안타까운 기억도 결국 내 소중한 여행을 완성시키는 데 한몫한다는 것은 거부할 수 없는 진실이니까.

우리는 지나치게 많은 여행의 정보에 지쳐있는 것이 아닐까? 같은 곳을 바라보더라도 자기만의 이야기를 만들어가는 여행이 되기를 진심으로 희망한다. 나는 이유 없이 떠난 길 위에서 불현듯 떠나온 이유를 찾아 헤매는 구도자가 되기도 했다. 이제부터 내 마음이 정화되던 그 시간들에 대해 이야기하려 한다. 달고 쓴 여행기는 물론 나의 뷰파인더에 들어온 사진들과 부끄럽지만 당시의 감성과 공기를 전달해줄 시작詩作 메모와 노트를 보탰다. 세상을 향해 첫걸음을 내딛는 소년과 긴 여정을 돌아오는 동안 지쳐버린 이웃까지도 조금은 공감할 수 있는 여행이 될 수 있기를 간절히 바랄 뿐이다.

2019년 봄
여병구

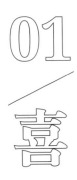

여행자의 전율

떠나오길 잘 했다. 시선을 압도하는 공활한 풍경과 따뜻한 사람들의 눈빛 덕에
기쁨이 넘치는 여정이었다.

노르웨이 동북부 핀마르크 Finnmark 주에 있는 시르케네스 호이뷰크트모엔 공항은 아이스링크나 다름없다. 노르웨이와 핀란드, 러시아의 국경의 접점에 있는 공항으로 비행기들의 이착륙하는 모습이 마치 피겨 선수의 트리플악셀 같은 느낌이다.

노르웨이

시르케네스 Kirkenes

오, 오로라!

알타와 호닝스버그, 그리고 노르카프를 둘러보는 동안 오로라를 만나지 못했다. 오로라를 보기 위한 일정이었으니, 노르웨이에서 보낸 나흘이 아름다운 풍광과 별개로 답답했다. 시르케네스로 넘어가 킹크랩 낚시를 끝내고, 숙소로 돌아오니 이미 어두운 저녁이었다. 지칠 대로 지친 몸을 침대에 누이고 그대로 잠들려는 순간, 바깥에서 환호성이 들렸다. 나는 벌떡 일어나 1층으로 달려 내려갔다. 세상에나!

노르웨이에 도착해 4일째 밤이었다. 그사이 알타와 호닝스버그, 노르카프를 거치며 오로라 헌팅 차량을 타고 가이드의 안내에 따라 자정까지 혹한의 설원을 쏘다녔지만 오로라는 볼 수 없었다. 노르카프에서는 가이드가 열쇠를 잃어버려 같이 찾느라 고생이 더했다. 어두컴컴한 설원 한복판에서 허리까지 쌓인 눈밭을 뒤지며 잃어버린 열쇠를 찾는다는 것은 해운대 백사장에서 클립 찾기와 비슷하게 느껴졌다. 결국 탈진 상태로 열쇠 찾기를 포기하고 숙소로 이동했을 때도 나는 내내 어둔 밤하늘을 살피며 오로라를 만난다면 그동안의 모든 수고로움을 단숨에 잊어버리겠노라 다짐했었다. 물론 오로라는 콧잔등도 드러내지 않았다. 춥고

허탈했다. 피곤한데도 잠이 올 것 같지 않았다. 오로라와의 조우에 대한 간절한 마음이 식어갈 즈음 시르케네스로 향했다.

러시아와 맞닿은 접경 도시 시르케네스는 노르웨이 핀마르크 동쪽에 위치한 인구 3300명가량이 사는 작은 도시였다. 노르웨이 북부 바렌츠 해 Barents Sea와 연결된 항구 도시였는데, 시르케네스라는 이름은 1862년 건설된 교회 이름에서 가져와 '교회의 곳'이라는 뜻을 갖고 있었다. 한겨울 영하 30도까지 떨어지는 경우가 많은데, 혹한 때문에 오히려 인기 여행지로 떠올랐다고 했다. 추운 곳이지만, 바꿔 말하면 제대로 된 스노우 호텔을 경험할 수 있고, 얼음낚시를 즐기고 아름다운 오로라의 출몰를 목격할 수 있다는 뜻이었으니까. 특히 지역 특산물인 킹크랩 낚시 투어는 여행자들에게 인기가 높았다. 나 역시 도착한 첫날 아침 방한복과 방한화를 지급받고 스노우모빌이 끄는 썰매에 탑승해 킹크랩 낚시를 떠났다. 아쉽게도 참가자가 직접 킹크랩을 잡는 것은 아니었다. 전문 가이드의 안내에 따라 킹크랩을 잡는 사각 투망King Crab cages을 도르래로 건져 올리는 게 전부였다. 도르래를 이용해 투망을 끌어올리자 한가득 킹크랩이 끌려 올라왔다. 가이드는 이렇게 건져 올린 싱싱한 킹크랩을 해체하는 방법부터 요리법까지 자세히 설명했다. 먹다 지칠 만큼 킹크랩이 제공됐으니 그것으로 이 투어의 가성비는 드높아진 셈이었다. 식사를 마쳤더니 벌써 해가 가라앉고 있었다. 겨우 오후 2시였다.

솔직히 시르케네스에서 오로라를 볼 수 있을 것이라고는 예상치 못했다. 킹크랩 낚시를 마치고 숙소로 돌아오자마자 너무 피곤해서 침대에 쓰러질 지경이었다. 그런데 심상치 않은 소란스러움이 감지됐다. 잽싸게 호텔 로비로 내려가니 건너편 피요르 지역 위로 스멀스멀 오로라가 펼쳐지고 있는 것이 아닌가! 외국 관광객들은 삼각대를 줄지어 세우고 모두 하늘을 응시하고 있었다. 그리 화려하게 나오지는 않았지만 지난 4일간 오로라를 찾아 움직였던 동분서주를 만회하기엔 충분했다. 며칠 전 오로라를 관측하기 위해 전문 투어 프로그램에 참여했을 때는 코빼기도 보이지 않더니 숙소에서 우연히 오로라를 만나게 될 줄은 미처 몰랐다. 물론 시내에선 인위적인 각종 불빛이 오로라 관측을 방해해서 제대로 관측하려면 외곽의 어두운 지역으로 나가는 것이 좋았으리라. 날씨가 사납고 길이 험해서 당장 차를 몰고 나갈 수 없는 상황이 안타까웠다. 어쨌든 나는 느닷없이 생애 첫 오로라 헌팅에 성공한 셈이었다. 객실에 올라와서도 나는 창문을 활짝 열고 찬 기온과 상관없이 내내 오로라의 신비한 움직임을 지켜봤다. 어떤 문장으로 그 순간의 감탄을 표현할 수 있을지 난감했다. 그것이 여행지에서 시 같지 않은 시를 적게 된 시작이었는지 모르겠다. 어쨌든 그 밤, 잠을 푹 잘 수 있을 것 같았다.

오로라

보고 싶다고 볼 수 없는
콧대 높은 여인의 손끝에
마음이 아리다

눈으로 치고 들어오는
거대한 빙하의 조각이 팥빙수처럼
혼을 빼놓는다

핀마르크의 어둔 하늘은
열릴 줄 모르고
고개 떨군 상심이 안타까운 듯

고개 들고
어서와 앉으라고
녹색 이불을
털어 펼쳐준다

알타와 호닝스버그에서
열리지 않았던 노던라이트가
시르케네스에서는
호텔 앞 마당에서 별처럼 뿌려진다

사방이 눈으로 뒤덮인 백야의 시
르케네스 호이뷰크트모엔 공항. 텅
스텐 빛으로 물든 저녁 무렵의 경
치가 매우 인상적이다.

시르케네스에서 만난 오로라

북부 노르웨이의 가장 큰 이벤트는 오로라를 뜻하는 노던라이트의 출현이다. 북부 노르웨이 전역에서 볼 수 있다지만 기상 상황에 따라 그 운을 점쳐야 할 때가 많다. 오로라를 찾는 전문 투어 프로그램도 많은데, 업체에 비용(인당 20~30만 원선)을 지불한 후 이용하면 전문적인 헌팅 차량과 숙련된 가이드의 도움을 받을 수 있다. 하지만 나는 시르케네스에서 투숙했던 호텔에서 오로라를 정면으로 맞닥뜨렸다.

페루

마추픽추 Machupicchu

욕심 많은 여행자

잉카레일을 타기 위해 오얀타이탐보Ollantaytambo 역으로 들어서니 마침 한 연인이 많은 사람들의 축복 속에서 약혼식을 올리고 있었다. 기차역에서 약혼식을 한다니 의아했지만 오얀타이탐보가 마추픽추로 향하는 유일한 관문이고 역사적으로도 뜻깊은 곳이니 나름 의미가 있겠다는 생각이 들었다. 사람들의 축복 속에 진한 키스를 나누는 연인을 보자니 흐뭇하면서 부러운 마음도 들었다. 출발을 알리는 잉카레일의 기적 소리가 들렸다. 나는 서둘러 기차에 올랐다. 창 너머로 우르밤바Urubamba 강 상류에 해당하는 빌카노타Vilcanota 강이 토해내는 거친 물살과 안데스 산맥의 절경이 1시간 30분 동안 쉴 새 없이 펼쳐졌다.

마침내 마추픽추의 관문에 해당하는 마을 아구아스 칼리엔테스Aguascalientes에 도착했다. 이곳에서 하룻밤 숙박을 하고, 이튿날 아침 일찍 버스로 마추픽추에 오를 예정이었다. 호텔에 여장을 풀고 마을을 돌아보니 수많은 여행자들이 마추픽추를 올라갈 기대감만으로 들떠 축제 분위기를 연출하고 있었다. 작은 마을임에도 강을 따라 다양한 메뉴의 음식점과 꽤 많은 기념품숍이 도열해 있어 쇼핑을 즐기면서 식사와 술을 마시는 사람들로 북적댔다. 쿠스코의 아르마스광장처럼 이곳에도 작은 광장이 있었는데 다들 아르마스광장이라 부르고 있었다. 날이 어둑해지는데도 들뜬 여행자들은 숙소로 들어갈 생각을 하지 않는 듯했다.

이튿날 날이 밝자마자 나는 서둘러 버스 정류장으로 향했다. 다행히 줄이 길지 않았다. 굽이굽이 산길을 30분간 올라가니 마추픽추 입구가 나왔다. 주의해야 할 사항은 여권을 지참해야 한다는 점! 여권이 없으면 입장할 수 없었다. 나는 줄지어 선 행렬을 따라 천천히 마추픽추로 들어갔다. 마침내 상상 속의 공중도시를 만나는 순간이었다.

마추픽추는 '나이 든 봉우리'라는 뜻으로 우루밤바 계곡 지대의 해발 2280m 정상에 위치하고 있지만, 산자락에서는 그 모습을 볼 수 없어 '공중도시'라 불린다. 잉카인들이 스페인 침략자들로부터 공격을 피해 산속 깊숙이 세운 것이라고도 하고, 군사를 훈련해서 후일 스페인에 복수하기 위해 건설한 비밀도시라고도 하지만 어느 것이 맞는지는 확실치 않다. 이외에도 자연재해, 특히 홍수를 피해 고지대에 만든 피난용 도시라는 설도 있었다. 위대한 황제 파차쿠텍이 건설했다고도 알려져 있지만 이 역시도 확실치 않다. 총 면적이 5km²며, 그 절반에 해당하는 비탈면은 계단식 밭이다. 서쪽 시가지는 신전과 궁전, 주민 거주지 구역이 있는데 주위를 성벽으로 둘러싼 모습이 천혜의 요새나 다름없었다. 16세기 후반 잉카인들은 무슨 이유에서인지 문명이 고도로 발달한 이곳 마추픽추를 버리고 더 깊숙한 오지로 사라졌다고 한다. 그 뒤 마추픽추는

마추픽추로 오르기 전날, 아구아스 칼
리엔테스에서 충분히 휴식을 취하는
게 좋다. 전통 복장을 한 페루 여인이
장을 보고 돌아가고 있다.

약 400년 동안 사람 눈에 띄지 않다가 1911년 미국의 역사학자 하이럼 빙엄Hiram Bingham이 발견하면서 세상에 모습을 드러내게 됐다.

전망이 가장 좋은 '망지기의 집'으로 올라가기 위해서는 좁은 길을 따라가야 해서 일렬로 줄 서서 천천히 올라가야 했다. 5분 정도 땀 흘리고 올라가니 마추픽추가 한눈에 들어오는 망지기의 집에 다다랐다. 자유롭게 여행 온 사람들은 웃옷을 벗고 배낭을 베개 삼아 드러누워 망중한을 즐기고, 단체로 온 팀은 가이드 설명을 하나라도 놓칠까 귀 기울이며 열심히 듣고 적기를 반복했다. 여러 설이 있지만 아직도 제대로 된 정설이 나오지 않아 숱한 추측이 난무하는 마추픽추. 이런 이유인지 가이드들의 설명 또한 제각각 달랐다.

1911년 어린 가이드의 도움으로 하이럼 빙엄이 마추픽추를 찾았지만 엘도라도를 원했던 그는 실망하고 그냥 돌아갔다고 한다. 3년 후 예일 대학교의 전문가 팀이 《내셔널지오그라픽》의 후원을 받아 본격적으로 탐사하러 오면서 마추픽추는 세상에 그 모습을 제대로 드러냈다. 나는 천천히 마추픽추 곳곳을 걷기 시작했다. 여행자들의 잡담소리마저 묻혀버리는 공중도시의 바람소리가 농경지와 주택, 사원, 광장, 병영 막사 사이를 돌고 나와 귀에 대고 속삭이는 듯했다.

시원하게 펼쳐진 공중도시에서 가장 눈에 띄는 것은 계단식 논이었다. 경사가 급한 비탈길에 계단식으로 농경지를 만들고 내리는 비로만 경작을 하는 자연식 농법을 시행한 잉카인들의 지혜가 새삼 눈물겹게 느껴졌다. 이 경작지에서 감자, 옥수수 등 농작물 200여 종을 재배했다고 한다. 계단식 농경지는 단순히 경작의 목적뿐 아니라 외부 침입을 막는 성곽 역할도 했다니 대단할 따름이었다.

마추픽추의 중앙광장에는 한가롭게 알파카가 풀을 뜯고 있었다. 사람들이 곁에 다가와도 도망가지 않는 걸 보면 꽤 익숙해진 듯했다. 덕분에 나도 아주 가까이에서 알파카의 움직임을 지켜볼 수 있었다. 스페인 침략자에 의해 이곳이 훼손되지 않은 것이 참으로 다행이지만 하루 400명만 들이는 입장 제한에도 불구하고 수많은 여행자들로 인해 점점 지반이 침하되어 내려앉고 있다는 마추픽추. 인위적으로 막을 수는 없겠지만 힘들게 지켜온 공중도시와 한가로이 풀을 뜯는 알파카까지도 계속 후세에게 안내할 수 있어야 하지 않을까? 누가 시키지도 않았는데, 공중도시 마추픽추를 보다 잘 보전하는 방법에 대해 잠시 골몰하던 순간이었다.

마추픽추로 가는 법

쿠스코에서 가장 가까운 기차역인 포로이Poroy 역에서 기차를 타는 방법이 정석이다. 포로이 역은 쿠스코에서 서쪽으로 13km 정도 떨어져 있으며, 보통 쿠스코에서 버스나 택시를 타고 포로이 역으로 이동하는데 마추픽추까지는 기차로 5시간이 소요된다. 마추픽추는 포로이 역으로부터 86km 정도 떨어져 있으며, 오얀타이탐보Ollantaytambo에서 마추픽추까지는 38km 떨어져 있다. 포로이 역은 해발 3486m 지점에 위치하고 있으며 오얀타이탐보 역은 해발 2600m, 마추픽추는 해발 2350m 지점에 위치하고 있으니 이제는 고지대에 저지대로 내려가기 때문에 고산증은 좀 덜할 게다. 포로이에서 마추픽추까지 운행하는 기차로는 '오리엔탈 익스프레스Oriental Express 페루레일PeruRail', '잉카레일Inca Rail', '안데안 레일웨이즈Andean Railways' 등 세 곳의 기차 회사가 있는데 나는 잉카레일을 이용했다.

고산병 대처법

3400m의 해발고도 때문에 저산소와 저기압으로 신체의 혈압이 수축되면서 두통, 어지러움, 가슴 통증, 몸살, 구토 등의 증세가 나타난다. 처음에는 바로 증세가 나타나는 것이 아니어서 겁없이 뛰는 사람이 있는데 그랬다간 큰코다친다. 몸을 함부로 움직여서는 안 된다. 뛰어서도 안 된다. 우리의 몸이 고지대를 인지하기까지 어느 정도 시간이 걸리므로 첫날은 무조건 편히 쉬는 것이 좋다. 혈압이 높아지기 때문에 과음과 뜨거운 물로 샤워하는 것도 피하는 게 좋다. 현지 주민들이 자주 마시는 코카차를 마셔주는 것도 도움이 되지만 어지간히 적응이 되지 않는 것이 사실. 이곳에 이민 온 한국 분을 만났는데 10년이 지났지만 고산병에서 자유롭지는 못하다고 하니 최대한 몸을 사리는 것이 최고의 대처법이다.

여행자의 짝사랑

사랑스러웠다
보고싶었다
하도 그리워서
마치 연인인 듯했다

심장을 내려놓고
겸허한 마음으로
쿠스코로 먼저 오라는 이유는
터져버릴지 모르는 마음을
한번 더 생각해 보라는 뜻

고산지대의
소금마을과 두 개의 심장을 가진
망아지들이 뛰노는 평야를 지나고
구비구비 비탈길 따라
지그재그 달리는 동안
정작 드는 마음
차라리 보지 말까?
눈을 감을까?

점점 다가갈수록
두려워지는 그리움은 무언가?
마음이 가짜일까?
심장은 급히 혈액을 들이킬 테지만
머리는 비웃을 것만 같은
고약한 연인과의 싸움

마추픽추
이미 누구의 연인이 아니었다
욕심 많은 여행자의 짝사랑
아니 만날 수도
만나지 않아도 될 수 있는…

죽기 전에 마추픽추

죽기 전에 가봐야 할 곳 중 언제나 상위에 랭크돼 있는 페루의 마추픽추.
그곳을 향한 선망의 눈빛은 가히 전 세계적이다. 하지만 이미 미디어를 통
해 수없이 접했기에 기대감보다는 아무런 감흥을 받지 못할 수도 있다는
두려움이 더 컸다. 마침내 마추픽추를 눈으로 본 순간… 격한 기대 탓이
었는지 감정이 추스러지지 않는 것이 못내 아쉬웠다.

터키

이스탄불 Istanbul

세상의 문

잘츠부르크 취재를 마치고 귀국하는 길에 이스탄불을 경유해야 했다. 환승 대기만 11시간이 주어졌는데, 한숨이 나왔다. 터키 아타튀르크 국제공항 시설물을 살펴보다가 내가 이용한 터키항공에서 무료 제공하는 시티투어 프로그램이 있다는 사실을 알게 됐다. 잘츠부르크 취재를 잘 마쳤으니, 이제 남은 짧은 시간 동안 이스탄불에서 휴식을 맛볼 수 있을 것이라는 확신이 들었다. 나는 이스탄불 역사지구Historic Areas of Istanbul를 둘러보는 시티투어의 마지막 출발 시각이 오후 4시인 것을 확인하고 바로 신청했다.

오후 2시 30분에 이스탄불에 도착해 여유가 있을 줄 알았는데 입국심사장에 길게 줄지어 선 대기 인원을 마주하니 식은땀이 흘렀다. 다행히 걱정했던 것에 비하면 사람들이 쭉쭉 빠졌다. 입국심사를 마치자마자 터키항공 부스로 이동해 항공권을 내밀었더니 잠시 기다려달란다. 터키항공 부스 옆 카페 손님들 대부분이 시티투어를 신청한 이들이라는 것을 잠시 후 알 수 있었다. 전담 가이드가 깃발을 들고 나타나자 모두가 모여들었으니까. 가이드는 간단한 주의사항을 전했고, 나는 사람들에 섞여 리무진 버스에 올라탔다. 투어 버스에 탑승하니 가이드는 파란색 다용도 두건을 나눠줬는데, 아무런 준비 없이 이스탄불에 닿은 여행자가 강한 햇살을 피할 수 있도록 시시때때로 도와줬다.

사실 경유지에서 하는 스톱오버 투어는 처음이었다. 그동안은 경유지에서 3~4시간 대기시간이 잡히더라도 공항의 즐길거리를 살피는 데 주력했던 것이다. 하지만 11시간의 대기시간은 가혹하게 느껴졌다. 그런 점에서 이스탄불 시내 관광은 시간상으로 매우 합리적인 선택이었다. 블루모스크부터 아야소피아성당, 그랜드 바자르까지 이스탄불의 대표 관광지가 몰려 있다는 덕도 봤다. 짧은 시간 동안 서둘러 돌아봐야 하는 여행자에게 이스탄불은 매력적이고도 효율적인 도시였다.

먼저 눈에 들어온 것은 낯설도록 다양한 인종이었다. 비잔티움과 콘스탄티노플로 알려진 과거 영광스러웠던 도시 이스탄불은 유럽으로 가는 허브로 전 세계 사람들이 모이는 통에 다양한 인종을 만날 수 있었다. 여행자뿐 아니라 현지인들도 각기 다른 피부색과 눈빛을 가졌다. 모든 것이 낯설지 않게 한데 어우러진다는 사실이 신기했다.

그리고 거리와 골목이 마음에 들어왔다. 이스탄불의 거리는 그 자체가 문화 유적이었다. 오래된 거리를 걷다 보면 작은 돌기둥 하나도 허투루 볼 수 없었다. 비록 과거의 화려했던 역사가 오늘까지 지속되지는 않아 마치 은퇴한 배우의 고단한 주름 같은 느낌도 들었지만 덕분에 거리 분위기가 더욱 오묘했다.

블루모스크와 아야소피아성당 그리고 그랜드 바자르로 이어지는 빤한 관광 코스였지만, 이스탄불을 이해하는 데 이만한 출발도 없지 싶었다. 인구 대부분이 이슬람교를 믿기에 하늘 향해 우뚝 선 블루모스크의 위용은 낯선 여행자의 발걸음을 멈추게 했다. 다른 이슬람권 국가들과 달리 터키의 이슬람 문화는 제법 자유분방했다. 최근 젊은이들 중에는 아예 예배를 하지 않는 경우도 있다니 괜히 아쉬운 마음이 들기는 했다. 그러나 이슬람교를 거부하는 것이 아니라 자신의 상황 안에서 교리를 지키며 명절과 축제에는 더욱 열과 성을 다한다는 가이드의 귀띔을 듣고는 고개를 끄덕였다.

이스탄불의 과거가 담긴 아야소피아성당은 오랜 옛날 그리스정교회의 총본산이었지만 술탄 마흐메트 2세가 콘스탄티노플을 점령하면서 모스크로 변모한 곳이었다. 여행자들의 발걸음이 가장 분주해지는 그랜드바자르는 마호메트 2세의 술탄 시대의 마구간 자리에 들어선 작은 실내시장으로 시작해 250년이 지난 지금은 거대한 시장으로 발전해 있었다. 60개 이상의 통로와 상점 5000개 이상이 미로처럼 엉켜 있다니 길을 잃을 수도 있지 않을까. 내 경우 여유가 없었으므로 쇼핑에 집중하지 못했지만, 터키의 민속 토산품과 보석, 양탄자, 도자기, 수많은 향신료까지 신기한 것들이 가득해 여행자의 지갑이 분주해질 만했다. 스톱오버 투어는 분주히 이어졌다. 보스포루스 해협을 따라 난 도로를 달리는 동안 수세기 동안 동서양 국가들이 만들어낸 이스탄불의 독특한 스카이라인을 확인하는 것도 묘한 감흥을 선사했다. 근사한 레스토랑에서 3코스 정찬으로 제공되는 식사도 기대하지 않았던 호사를 누리게 했다. 터키식 떡갈비 요리 쾨프테köfte는 터키를 다시 찾고픈 이유를 추가시켰다.

시티 투어 후 다시 터키항공 라운지로 복귀하니 환승 대기시간이 4시간으로 줄어 있었다. 몇 시간 동안 진행되는 스톱오버 투어인지라 살짝 감질나기도 했지만, 반드시 이스탄불을 다시 찾아 제대로 여행하고 싶다는 의욕을 북돋아주기도 했다. 나는 몇 시간 동안 고단한 취재로써가 아닌 마냥 즐거운 여행자의 여정으로서 낯선 세상의 문에 발을 들여놓은 것 같았다.

터키항공 CIP 라운지

유럽으로 가는 허브 공항답게 터키 이스탄불의 아타튀르크 국제공항은 출장 시 자주 이용하다 보니 인천공항 만큼이나 정들어버렸다. 특히 남아프리카공화국과 페루 오스트리아를 오가는 긴 출장에서 여독을 풀다 보니 어느덧 집처럼 편한 공간이 되어버렸다. 아타튀르크 국제공항 청사에 있는 터키항공 CIP 라운지는 2000평 규모의 복층 라운지로 먹고 마시고 푹 쉴 수 있는 매력적인 곳이었다. 세계 곳곳으로 떠나는 수많은 여행객들 사이에서 느끼는 공감은 정겹기만 하다.

세상으로 통하는 문

유럽으로 오가는 사람들의
알듯 모를 사연들이 고된 여정과 함께
쉬는 곳

유럽으로 가는 문이란다
가는 곳이 다르지만
태어난 곳이 다르지만
언어도 다르지만

지긋이 눈 감은
여행의 흥분은 같은 듯
먹을 것, 마실 것, 쉴 자리가
긴 밤도 견뎌낼 수 있을 만큼
풍성하다

새벽…
대부분 떠날 곳을 향해
자리를 비우니
깊이 품었던 소파가 부푸는 이스트 마냥
그리움을 볼록 내뱉는다

사모아

아피아Apia   파 사모아

사모아Samoa 는 아름다운 산호초와 라군, 화산 섬을 지닌 나라로 내륙에
는 울창한 열대우림과 깎아지른 절벽과 폭포, 가파른 협곡과 동굴 등 흔
히들 말하는 천혜의 자연환경을 갖고 있는 나라였다. 영화《리턴 투 파
라다이스Return to Paradise》를 비롯해 많은 영화에서 낙원을 떠올리게 하는
배경이 됐으니 그 아름다움이 어느 정도일지는 굳이 가보지 않더라도
짐작할 수 있을 것이다. 개인적으로는《보물섬》의 저자 로버트 루이스
스티븐슨이 요양했던 저택이 있고,《달과 6펜스》의 작가 서머셋 모옴이
단편소설 〈레드〉의 영감을 받았던 곳이라는 귀띔을 듣고는 더욱 호기심
이 가는 지역이었다. 공식적인 국명은 서사모아로 지금은 미국령이 된
아메리칸사모아(옛 동사모아)와는 다른 독립 국가다.

열흘 가까이 태평양의 섬나라들을 오가는 일정에서 피지와 바누아투를
거쳐 마지막으로 방문한 지역이 사모아Samoa였다. 누적된 피로를 안고
어스름한 새벽 2시에 도착한 팔레올로Faleolo 공항은 아직 어둠 속에서 몸
을 움츠리고 있었다. 정말 아담한 크기의 공항으로 수속을 위해 들어서
니 늦은 새벽임에도 방문을 축하하는 노래가 울려퍼졌다. 시간의 문을

지나 과거로 타임슬립한 듯한 느낌이었다. 짧은 수속을 끝내고 나오니 사모아관광청에서 나온 현지인 가이드가 나를 반겼다.

1722년 네덜란드의 로거빈 제독이 발견하고, 1768년 프랑스인 부겐빌이 서사모아에 도착해 '항해가의 제도'라는 이름을 붙였지만, 사모아는 2000년 전부터 변함없이 '사모아'라는 이름을 썼을 정도로 폴리네시아의 중심이라는 자부심이 강했다. 19세기 말 남태평양에서 벌어진 세계 열강의 식민지 싸움 속에서 동경 171도를 경계로 서쪽에 있는 우폴루 Upolu 섬과 사바이Savaii 섬은 서사모아로 구분되어 독일의 식민지가 됐다가 1914년 뉴질랜드에게 빼앗기게 된다. 그리고 동쪽에 있는 투투일라 Tutuila 섬은 조그마한 주변 섬들과 함께 동사모아로서 미국 식민지가 됐다. 독일 식민지 시절부터 시작된 마우Mau 라는 독립운동은 제2차 세계대전 때도 지속되면서 마침내 1962년 1월 1일 뉴질랜드로부터 독립을 얻어냈다. 이처럼 국가에 대한 전통과 자부심이 강했던 사모아였다.

같은 민족이었던 동사모아도 힘을 합쳐 독립하길 희망했지만 그곳 주민들은 미국령으로 남기를 희망하면서 통합 독립은 무산되고 말았다. 동사모아의 생활 수준이 서사모아보다 높았기 때문에 기득권을 버리기 힘들었을 것이다. 이 때문에 아직도 서사모아 사람들은 독립을 거부한 아메리칸사모아의 부자는 그냥 돈만 많은 부자일 뿐 독립을 이룬 사모아의 부자가 전통을 지켜가는 훌륭한 사람이라고 당당하게 말하곤 했다. 독립을 이뤄낸 자부심이 엿보이는 대목이었다.

가이드로부터 들은 얘기 가운데 사모아 사람을 지칭할 때 쓰는 말이기도 한 '파 사모아Fa'a Samoa'가 인상적이었다. 이는 '사모아의 방식'이라는 뜻으로 예부터 내려오는 대가족 제도의 전통과 일을 서로 도와주고 공동 사회에서 음식, 부, 성공을 함께 나누는 전통을 의미했다. 그러니까 파 사모아는 상대를 존중하고 자연을 거스르지 않는 사모아 사람들의 정신으로 오늘날까지도 전통 가치를 이어가게 하는 힘의 원천이었다.

사모아의 수도 아피아 인근에 위치한 남태평양 바다로 낚싯배를 타고 움직였을 때였다. 피지와 바누아투에서 날씨 때문에 고생했던 탓인지 사모아의 맑은 날씨는 선물 같았다. 그런데 좋은 날씨를 줬을 뿐 동양에서 온 이방인에게 단 한 마리의 물고기도 내주지 않았다. 산호로 둘러싸여 큰 파도 없이 잔잔한 물결이 환상적인 바다 위에서 3시간 동안 허탕을 쳐야 하는 아쉬움이 파도처럼 넘실댔다. 사모아인 가이드도 아쉬운 마음은 같았으련만 행동이 달랐다. 그는 스노쿨링 장비를 챙겨 입고 파도 하나 없는 잔잔한 수면으로 뛰어들었다. 우폴루 앞바다는 마치 실내 수영장처럼 평온했다.

사모아는 10개 섬으로 이뤄져 있지만 본섬인 우폴루와 사바이에만 사람이 살고 있다. 수도 아피아는 우폴루 섬에 있었는데 사모아 전체 인구 가운데 70%가 거주했다. 사바이나 우폴루 모두 해안을 중심으로 마을이 형성돼 있고, 섬 중앙에는 사람이 살지 않았다. 이유는 1905년 사바이 섬 중앙부에 있는 마타바누Matavanu 산에서 화산이 분출하여 폭발하면서 무려 6년 동안이나 용암이 흘러나왔다고 한다. 때문에 섬 중앙에는 사람이 살지 않게 되었다고.

아피아 섬과 사바이 섬을 오가는 레이디 사모
아호. 새벽부터 부지런히 섬을 오가는 사람들의
정겨운 모습을 볼 수 있다.

북쪽 해안도로를 따라 달렸더니 얼마 되지 않아 마타바누 산으로 올라가는 입구가 나타났다. 화산재가 굳은 땅이라 상당한 오프로드가 이어져 거친 승차감을 만끽할 수 있었다. 30분간 올라가니 화산으로 가는 입구에 크래터맨Craterman 즉, 화산 감시원이 나와서 반겼다. 올라가기 전에 방명록에 출신 나라와 이름을 적는데 이곳에 온 한국인은 2003년에 1명이 있고 내가 두 번째라고 귀띔해주었다. 사바이의 마타바누 산에 최초로 온 한국인은 도대체 누구였을까?

"화산에 올라가면 절대 가까이 가려고 하지 말고, 아래를 내려다보지도 마세요 밑으로 떨어지면 죽진 않더라도 도저히 구조할 수 없으니까요." 1911년 이후 휴화산이 된 탓에 거대한 분화구는 수풀로 우거져 있었기에 분화구라는 것을 실감할 수 없었다. 이 때문에 자연스럽게 좀 더 가까이 보려고 다가가게 되는데 조심하지 않으면 밑으로 떨어질 수 있었다. 전형적인 화산의 모습을 살펴볼 수 없어 조금 실망했던 것도 사실이다. 하지만 마타바누 화산 폭발로 인해 해안지대에서 살 수밖에 없는 사모아 사람들의 환경을 대번에 이해할 수 있는 시간이었다. "화산 폭발로 라군이 몰려 있는 해변을 중심으로 마을이 형성됐습니다. 용암이 분출되면서 무려 5개 마을을 덮쳤죠. 그러나 신기하게도 단 한 사람도 사망하지 않았어요." 화산 감시원의 목소리에서도 '파 사모아'의 자긍심이 느껴졌다.

사모아에 오면 누구나 투시탈라Tusitala(이야기꾼)가 되는 걸까? 서머셋 모옴이 영감을 얻어 집필한 단편소설 〈레드〉에 나오는 섬이 바로 사모아였다. 특히 붉은 석양이 아름답게 깔리는 사모아 앞바다에서 매력적인 사랑을 이뤄가는 〈레드〉는 서머셋 모옴을 더욱 유명하게 만들었다. 읽다 보니 어느새 사모아를 사랑하게 되고, 심취해 있는 나 자신을 발견할 수 있었다.

그리 크지 않은 면적 때문에 차를 타고 해안가를 돌다가 눈에 띄는 해변에 들어가 잠시 쉬고 다시 또 다른 곳으로 이동하면서 자연의 절경을 만끽하는, 딱히 특별한 스케줄이 필요 없는 곳이 바로 사모아였다. 차가 아니라도 자전거를 타고 돌아도 그 기쁨은 배가 될 듯했다.

길을 따라 움직이기만 해도 근사한 여행이 이뤄지는 곳, 돗자리를 깔고 파란 열대의 하늘을 쳐다보다가 지루해질 때면 에메랄드빛 해변으로 달려가 수영을 즐기는 이곳이 럭셔리한 시설을 갖춘 유명 휴양 리조트보다 좋다고 감히 말할 수 있다. 개발 열풍에 따라 천혜의 자연 환경이 파괴되지 않고 순수한 사모아 사람들의 '파 사모아' 정신과 마음이 다치지 않기를 나는 간절히 희망했다.

사모아에 두 번째로 방문한 한국인이라며 사모아관광청에서
직접 제작해준 푯말. 현재 마타바누 화산 입구에 놓여 있다.

리턴 투 더 사모아

산호가 감싸안아
파도가 없는 사모아
에메랄드를 갈아 뿌렸는지
자주 고개 내밀고 확인하는
태양의 동공이 커진다

섬을 걸어걸어
지쳐 쉬는 곳이 그저 리조트
더는 성내지 못하고 추억에 빠진
볼케이노의 거대한 흔적

우폴루와 사바이를 매일 오가는
레이디 사모아호의
고고히 늘어트린 긴 옷자락은
사모아의 왈츠

파 사모아 Fa'a Samoa
삶에 녹아든 전통의 가치는
낙원으로 돌아가는 자부심
넉넉한 품으로 찾는 이 모두
촉촉하게 감싸 안는 토수아 To Sua

처음이어도
돌아가는 친근한 낯섦의
사모아 그곳이다

파 사모아

파 사모아 는 '사모아의 방식'이라는 뜻을 갖고 있다. 예부터 대가족 제도의 전통과
서로 일을 도와주는 공동 사회를 말하며 오늘날까지도 사모아인들의 중요한 정신으로 자리
잡고 있다. 사모아는 화산섬이다 보니 분화구가 있는 섬 가운데는 사람이 살지 못하고 대부분
해변가에 군락이 형성돼 있다. 로토팡아 마을에 있는 토수아 To Sua 는 거대한 분화구처럼 생긴
도랑인데 아름다운 자연이 만든 수영장으로 유명하다.

마타바누 화산 정상에서 바라본 사바이 섬의 전경.

스위스

체르마트Zermatt

마터호른의 자비

징크스인지는 몰라도 유난히 산에만 올라가면 뿌연 안개만 보고 내려오기 일쑤였다. 지리산도 속리산도 설악산도 그랬다. 해발 4478m의 마터호른Matterhorn에 오른다는 연락을 받고 두려움이 엄습했다. 한국의 산이야 날씨 좋은 날 다시 오르면 되지만 스위스까지 쉽게 오갈 수도 없는 노릇이지 않은가.

마터호른을 오르기 위해서는 반드시 체르마트에 닿아서 고르너그라트Gornergrat 등산열차와 케이블카를 타야 했다. 굴지의 영화사 파라마운트의 로고로도 유명한 산인 마터호른이 있는 도시 체르마트는 스위스에서도 손꼽히는 휴양지다. 체르마트는 알피니즘과 사계절 스키, 하이킹으로 유명한 반경 1km 내외의 작은 마을로 짙은 갈색의 스위스 전통가옥 샬레가 눈을 즐겁게 했다. 샬레는 알프스 산에서 쉽게 구할 수 있는 가장 흔한 재료였던 목재와 돌로 지어졌는데, 평평한 돌로 엮어 만든 너와지붕은 폭설에 견디기에 가장 적합한 주택 양식이었다. 체르마트는 이 전통가옥 양식을 보존하기 위해 호텔이나 상점 역시 같은 방식으로 짓고 있었다. 공해 유발 요소를 애초부터 없애기 위해 자동차 진입을 금지하고 말이 끄는 마차나 전기자동차만 운행을 허용하고 있는 것이 인상적이었다.

고르너그라트 등산열차와 케이블카를 타고 올라가는 과정에서 마주한 절경이 따로 없었다. 눈감고 카메라 셔터를 눌러대도 작품이 나올 듯했다. 그런데 날씨가 심상치가 않았다. 높이 올라갈수록 눈보라가 거세지는 것이 불안했다. 케이블카를 타고 45분여를 오르는 동안 영화에서나 봤음직한 깊은 크레바스가 보였다. 등반가들이 가장 두려워하는 것이 크레바스라니 막연히 낭만적으로 보기에는 무리가 있었다.

이윽고 유럽에서 가장 높은(해발 3883m) 곳에 위치한 마터호른 글라시어 파라다이스Matterhorn Glacier Paradise 케이블카 역에 도착했다. 이곳에서 나는 스위스는 물론 이탈리아와 프랑스에 걸쳐 펼쳐진 4000m가 넘는 알프스 봉우리 38개와 빙하 지대가 선사하는 웅장한 파노라마를 감상할 계획이었다. 그러나 이게 어쩐 일인가? 눈도 뜨기 힘들 정도의 눈보라와 강풍으로 인해 옴짝달싹할 수 없을 정도로 괴로웠다. 마터호른이 바로 눈앞인데 도저히 더 앞으로 나아갈 수 없는 상황이어서 포기할 수밖에 없었다. 역시 도도한 산 마터호른이었다. 쉽게 그 모습을 보여 주지 않겠다니… 안타깝지만 잠시 중단해야 했다. 마터호른은커녕 주변의 아름다운 봉우리조차 둘러볼 수 없을 정도로 사나운 날씨 탓에 몸을 피신해야 할 따름이었다.

폭설과 강풍으로 인해 다가가는 것을 포기한 마터호른이었지만, 포기할 수는 없었다. 체르마트에서 벗어나 6일 동안 스위스의 다른 도시들을 분주히 돌아보고 나서 마침내 마지막 날이 다가왔을 때 나는 고민에 휩싸였다. 그냥 포기하고 서울로 돌아갈 것인지 아니면 다시 마터호른에 오를 것인지에 대한 선택은 번뇌 수준이었다. 결국 나는 빠듯한 귀국 일정을 감안해 새벽 4시에 일어나 마터호른에 다가가기로 했다. 원래 고르너그라트로 가야 했지만 워낙 항공편 시간이 촉박한 탓에 해발 2815m의 로텐보덴Rotenboden까지만 올라가기로 했다. 며칠 동안 허리까지 차는 눈밭을 헤치고 다니느라 맑은 날씨에 대한 간절한 기대감이 충만했다. 이제 마지막 기회라고 생각하니 마음속으로 간절한 기도까지 올렸다.

등산열차를 타고 오르는 내내 고개를 내밀 듯하다가 숨고, 내밀 듯하다가 다시 숨기를 반복하던 마터호른… 아, 결국 그 도도하고 새초롬한 마터호른이 밝게 웃기 시작했다. 한동안 청정한 하늘과 잔잔한 바람이 계속되는 것이 아닌가. 짝사랑하는 이성을 마침내 만난다는 기대처럼 심장이 두근거려서 애써 자제해야 했다. 마침내 도착한 로텐보덴에서 바라본 마터호른의 모습은 거대하다기 보다는 신비로운 여성이 치맛자락을 휘두르고 앉아있는 듯한 당당함과 도도함이 느껴졌다. 산을 보고 이토록 가슴 설레본 적이 있던가. 머물 시간이 단 40분밖에 없다는 초조함이 더욱 마터호른에 대해 애틋한 감정을 갖게 했다.

마터호른 정상 부근의 크래바스 모습. 틈 사이는 매우 깊은 낭떠러지이므로 접근 금지 지역이다.

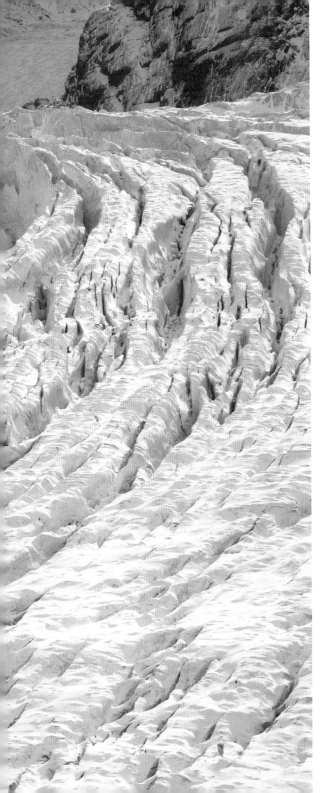

체르마트여, 자비를!

감히 누가
쉽게 볼 생각을 하는가
수십 번 머리를 조아리고
오르다 지쳐 주저앉아도
자비를 구하지 말라

깊이를 알 수 없는 날카로운
크레바스를 피하고
피부에 얼음막을 씌우며
눈과 귀를 닫게 하는 눈보라를
이겨내라

그리고 마지막으로
영봉을 맞이하는
순고한 마음을 지녔다면
이제 마터호른을
영접할 시간

하늘과 땅과
맞닿은
알프스의 전설 속으로
여행이 다시 시작된다

마터호른을 마주보다

파라마운트 영화사의 로고로 더욱 유명한 스위스 체르마트의 영봉 마터호른은 해발 4478m에 이른다. 체르마트에서 산악열차를 타고 고르너그라트 전망대에 오르면 마터호른를 가장 잘 볼 수 있는데, 날씨 변화가 심해 마터호른을 보지 못하고 발걸음을 돌려야 하는 여행자들도 꽤 많다.

미얀마

바간Bagan

3000번의 일몰

바간에서 잊을 수 없는 일몰을 경험했다. 사방을 광활한 밀림이 둘러싸고 하늘을 향해 우뚝 솟은 거대한 불탑서 오랜 세월 동안 지고 떴어도 결코 지치지 않는 태양의 얼굴과 마주했을 때, 침착함을 잃지 않기 위해 애써 악물었던 악관절이 저절로 풀리기 시작했다. 바간에서의 하루는 3000개의 불탑 속에서 신비스러운 역사와 함께 잊혀지지 않을 천 년의 감동으로 시작됐다.

바간에 도착한 날 숙소에 짐을 풀고 편한 복장으로 나와 처음 향했던 곳은 낭우 마켓Nyaung U Market이었다. 캄보디아나 라오스에서 흔히 볼 수 있는 재래시장으로 바간 사람들의 일상을 생생하게 경험할 수 있는 곳이었다. 바간이 불탑 3000개가 존재하는 역사적 문화 도시이다 보니, 사원에 입장할 때 입을 롱지를 판매하는 곳이 많았고 천연 자외선 차단제 역할을 하는 타나카 나무를 파는 상인도 흔했다. 시장은 아침 일찍 문을 열어 오후 3시면 문을 닫는데 대부분 냉장고가 없기 때문에 사람들은 매일매일 장을 볼 수밖에 없어 늘 시끌벅적한 시골 장터가 연출되곤 했다.

불탑의 천국인 바간에서도 아름답기로 유명해 현지인들이 소원을 빌기 위해 즐겨 찾는다는 쉐지곤 파고다Shwezigone Pagoda에는 오전부터 사람들이 많았다. 1059년 아노라타Anawrahta 왕에 의해 건축을 시작한 후 1085년 아노라타 왕의 아들에 의해 완성됐는데 전체가 금박으로 덮인 불탑은 높이만 50m로 거대한 위용을 자랑했다. 부처님의 치사리(치아)와 결골사리(무릎)가 모셔져 있다고 전해지고 있었다.

다음으로 이동한 곳은 꼭대기 탑의 모양이 가장 화려한 아난다 사원Ananda Temple이었다. 아난다 사원은 미얀마에서도 가장 아름다운 사원으로 꼽히는데 멀리 떨어져 있어도 바로 알아 볼 수 있도록 탑신에 칠해진 황금이 화려하게 빛이 났다. 53m 높이로 동쪽을 향해 있으며 정사각형의 각 방향마다 18m의 돌출 현관을 만들어 출입문을 만들었는데 안으로 들어서면 석가의 일생을 표현한 부조가 벽면을 따라 이어져 있었다. 밖으로 나와 대충 평평한 바닥에 앉아 사원을 바라보니 멀리서 볼 때는 황금빛으로 화려했지만 정작 가까이에서 보니 검은색으로 변한 벽면이 세월의 흔적을 말해주는 듯했다.

슐라마니 사원Sulamani Temple으로 이동하자 현지 가이드는 이곳이 특별한 곳이라며 설명을 보탰다. "나라투 왕의 둘째 아들로 왕위에 오른 나라파티시투는 불교를 숭상해서 수없이 많은 사원을 세운 왕으로 어느 날 트유원 산에 다녀오는 길에 빛을 내는 루비를 발견했습니다. 왕은 루비를 발견하게 된 것이 불심을 더욱 쌓으라는 부처의 가르침이라고 생각해 발견한 장소에 바로 슐라마니 사원을 세우게 된 것입니다." 슐라마니란 바로 '보석으로 장식된 왕관'이라고 가이드가 마무리 귀띔을 해주었다. 18세기에 완성된 것으로 보이는 석가모니의 생애를 표현한 벽화가 인상적이었다.

그런데 솔직히 3000개의 불탑과 사원이 있는 바간이라지만 이방인 여행자의 눈에는 사방팔방을 둘러봐도 여기저기 우뚝 서 있는 불탑들은 곧 비슷해 보일 뿐이었다. 취재라는 명분이 없었다면 곧 지루해질 듯했다. 그때 손목시계를 보던 가이드가 서둘러 장소를 옮기자는 신호를 보냈다. 해가 지고 있었다.

바간은 오직 해질 무렵 쉐산도 파고다Shewe San Daw Pagoda를 가기 위해 온다고 해도 수긍할 수 있을 것 같았다. 쉐산도 파고다는 미얀마를 최초로 통일한 아노라타 왕이 처음으로 세운 웅장한 사원인데, 쉐산도는 '황금의 불발'이라는 뜻으로 '불발'은 부처님의 머리카락을 의미하는 말이었다. 막상 다가서니 급경사나 다름없는 계단 탓에 다리가 절로 후들거리기 시작했다. 오로지 우측으로 난 철제 난간에 의지해 간신히 올라가 밑을 내려다보니 눈이 아찔할 정도로 높았다. 하지만 이미 올라온 수많은 여행자들은 아슬아슬한 난간에 그냥 앉아 해가 지는 방향을 바라보고 있었다. 정신을 차리고 주위를 돌아보니 순간 우거진 밀림 사이로 우뚝 솟은 3000개의 불탑들이 일제히 우리를 쳐다보는 듯한 장관이 펼쳐졌다. 몸이 얼어붙는 듯했다. 주위가 붉게 물들어가자 웅성데던 사람들이 일몰을 향해 모든 오감을 내던지기 시작했다. 순간 정적이 흐르고 시간이 멈춘 듯했다.

해질녘의 쉐산도 파고다는 바간의 천 년 역사를 경험할 수 있는 매력적인 곳이었다. 이곳을 보지 않고 지나친다면 바간을 보지 못한 것이나 진배없다. 붉은 태양을 바라보는 곳은 붉게 물들어 눈부신 아름다움을 자랑하고, 태양을 등진 곳은 어두운 실루엣에 잠겨 또 다른 환상적인 아름다움을 쏟아내고 있었다. 사진을 촬영하는 것도, 무언가를 얻어내려 하는 것도 일순간 부질없는 짓처럼 느껴져 그저 멍하니 그렇게 한동안 서 있었다. 주위가 점점 어두워지는가 싶더니 암흑이 깊게 깔렸지만 제자리를 차지한 달이 은은한 달빛을 쏟아내는 바간의 풍경도 감탄을 연발하게 했다.

(위) 꼬마 동자승이 미소가 부처를 닮았다.
(아래) 바간은 도시 전체가 유네스코 세계
문화유산으로 사람들의 소원 만큼이나 많
은 불탑들은 삶 그 자체의 일상이다.

3000번의 일몰

희망을 바라는 사람마다
하늘을 향해 탑을 쌓는다면
해가 가리어져
세상은 오히려 어두워지겠지
순수한 신과의 소통을 원하는
미얀마 사람들은
작은 희망을 모아모아
3000개의 탑에 해지는 순간을 담았다

바간만이 선물하는 일몰

미얀마의 바간에는 3000개가 넘는 크고 작은 불탑과 사원이 있는데 그 중 쉐산도 파고다에 올라서면 그 많은 불탑과 사원을 한눈에 둘러볼 수 있다. 해지기 전 자리 잡고 점점 붉게 물들어가는 작은 도시 바간을 바라보고 있으면 마치 먼 우주의 어느 행성으로 이동해온 듯하다.

쿠바

아바나 La Havana

자기만의 자화상

아바나에서는 진짜 쿠바를 만날 수도 있고 못 만날 수도 있다. 이 말은 수도 아바나만 봐서는 쿠바를 제대로 느낄 수 없다는 말이다. 분명 아바나에는 숱하게 들어왔던 쿠바의 다양한 볼거리, 즐길거리, 먹거리가 넘치지만 그것이 쿠바의 전부는 아니기 때문이다. 그런데 신기하게도 한 번 맛본 후 그 기막힌 맛에 몇 번이나 찾아갔던 헤밍웨이가 자신의 칵테일 다이키리 Daiquiri 를 남겨 놓았다는 엘 플로리디타 El Floridita 바만으로 사랑스러울 수 있는 곳이 또한 아바나였다. 쿠바의 진짜 여행은 결국 아바나에서 시작됐다.

아바나는 광장의 도시라 해도 과언이 아니었다. 스페인이 점령했던 시절 원주민들을 통치하기 위해 만들었지만 이제는 소통과 화합의 광장으로 변모해 아바나 사람들의 안식처로 사랑받고 있다고 했다. 사람들이 가장 많이 찾는 라 플로리디타, 라 보데키타 델 메디오, 암보스문도스 호텔 등이 자리하고 있는 일직선의 오비스포 Obispo 거리를 통하면 아르마스광장과 대성당광장을 만날 수 있고, 바로 옆에 아바나의 랜드마크 카피톨리오 Capitolio 가 바로 보이는 비에하광장 Plaza Vieja 이 나타난다.

낮보다는 밤에 더욱 빛을 발하며 환상적인 황금빛으로 물드는 아바나대극장Gran teatro de la Habana도 곧 눈에 띄었는데, 화려한 장식이 발걸음을 멈추게 했다. 무려 200년이나 된 건물로 미 대륙에서 가장 오래된 극장이라고. 1838년 베르디의 공연을 시작으로 연극이나 클래식 콘서트를 자주 열었다고 한다.

센트럴 공원Praque Central이야말로 아바나의 진정한 중심지라 할 수 있다. 공원 중심에 우뚝 서 있는 1905년에 세워진 호세 마르티 동상은 쿠바 내의 수많은 호세 마르티 동상 중 가장 먼저 세워진 것이라고 했다. 택시와 관광마차 같은 여행자의 즐길거리가 집결하는 곳이라 여행자과 현지인들로 항상 북적거렸다. 중앙공원 안에서는 살사와 탱고 춤을 추는 사람들도 많아 함께 흥을 나눌 수 있었다. 친근한 웃음으로 아바나대극장을 배경으로 1900년대식 구형 카메라로 흑백사진을 촬영한 후 즉석에서 인화까지 해주는 '거리의 사진사'도 만날 수 있다.

독특한 거리가 하나 더 있었다. 50m 정도의 짧은 거리에 있는 카에혼데 아멜Callejon de Hamel이라는 곳으로 '하멜거리'라 부르기도 했다. 젊은 예술가 집단의 작품에서부터 쿠바인의 뿌리인 아프리카의 문화를 잘 간직하고 있는 거리였다. 다양한 폐자재를 활용해 만든 조형물들과 강렬한 색감과 다채로운 패턴의 그래피티는 시선을 단박에 사로잡았다. 누군가는 아프리카 거리 혹은 그래피티 거리라고도 불렀는데, 아프리카에서 쿠바로 끌려온 흑인 노예에 대한 내용이 담긴 벽화들도 많이 눈에 띄었다.

그런데 지나치게 즐비한 기념품숍과 레스토랑, 관광안내소, 환전소 등은 아바나에서 쿠바 여행을 즐기기보다 잘 다듬어진 관광지를 둘러보는 듯한 아쉬움을 선사했다. 어디를 가나 헤밍웨이와 체 게바라의 초상화와 벽화를 볼 수가 있었는데, 쿠바를 상징하는 만큼 무리는 아니었지만 정작 들끓는 현지 상인들에겐 헤밍웨이도 체 게바라도 그저 상업적인 접근 이상의 대상은 아닌 듯이 보였다. 낯선 이방인들이야 열병처럼 유행하던 두 유명인사의 흔적을 찾아 오는 기쁨을 누릴 수는 있겠지만 그것이 쿠바의 모든 것이 아니라는 것을 좀 더 이해하고 쿠바의 역사에 대해 어느 정도 들여다보고 싶은 마음도 들었다.

"*Mi Mojito en La Bodeguita, Mi Daiquiri en El Floridita*"

"나의 모히토는 라 보데기타에, 내 다이키리는 엘 플로리디타에 있다"

헤밍웨이가 미국으로 돌아가기 전까지 살았던 집이 아바나 사내에서 남쪽으로 12km 떨어진 교외에 있다기에 찾아갔다. 국가 사이의 이데올로기에 문학가가 왜 피해를 입어야 하는지 허름하지만 조용한 교외의 마을을 지나며 안타까운 마음을 감출 수 없었다. 그가 마지막으로 살았던 저택에 대한 호기심이 더욱 커졌다. 이윽고 도착하니 초입에 손님용 숙소로 사용하던 게스트하우스 건물이 보였다. 하지만 저택 안으로 들어갈 수가 없었다. 여행자들이 하도 저택의 물건들을 훔쳐가는 바람에 이제는 밖에서 둘러볼 수밖에 없다고. 창문을 열고 훔쳐보듯이 봐야 한다니 이방인들의 이기심이 안타깝게 느껴질 따름이었다. 헤밍웨이는 이

집에서《노인과 바다》를 완성했다.

오히려 아바나 시내에 있는 헤밍웨이의 단골집이 큰 만족도를 선사해 주었다. 대성당광장 정문 오른편에서 사람들로 북적거리는 바가 헤밍웨이가 모히토를 즐겨 마셨다는 라 보데기타 델 메디오La Bodeguita del Medio였다. 바는 테이블도 없는 아주 작은 공간이었고, 바텐더는 아주 능숙하게 수십 잔의 모히토를 만들고 있었다. '콴타나메라Quantamera'를 부르며 연주하는 연주자들의 손놀림은 분주했다. 헤밍웨이가 앉았던 자리에 앉기 위해 보이지 않는 신경전도 벌어지지만 불쾌한 일은 일어나지 않는 것을 보니 이곳을 찾는 여행자들의 헤밍웨이에 대한 연모의 정이 상당한 듯했다. 원래는 잡화점이었지만 이곳을 자주 들르던 헤밍웨이에게 술 한잔한잔 대접하다가 1942년부터 아예 술집으로 업종 변경을 했다고 한다. 헤밍웨이의 단골집이어서 그런지 그의 절친 피넬과 칠레 대통령의 초상화와 사인도 걸려 있었다. 단체 패키지 관광객들의 주요 방문지이다 보니 우르르 몰려와서 모히토를 들이켜고 얼큰한 얼굴로 유쾌하게 떠들다 가는 풍경이 매 시간마다 연출되고 있었다. 솔직히 이곳 모히토 맛은 호불호가 갈릴 듯했다. 당연히 가격도 저렴하지 않았다. 그래도 헤밍웨이의 모히토이니 예의상 건배!

헤밍웨이의 모히토가 입맛에 맞지 않았던 것에 비해 헤밍웨이의 마지막 칵테일인 다이키리는 흡족했다. 오비스포 거리에 위치한 엘 플로리디타 바 안에 들어서니 커다란 다이키리 칵테일 조형물이 먼저 반겼다. 출입문 왼쪽에는 헤밍웨이의 동상이 마치 "한 잔 더!"를 외치는 듯했다. 술을 좋아했지만 결국 당뇨에 걸린 탓에 설탕은 줄이고 럼을 두 배로 늘린 다이키리를 말년에 선호했다는데 그 맛은 어떨까? 쿠바의 럼에 설탕, 라임과 시럽 그리고 얼음을 넣고 믹스한 후 내놓은 다이키리를 한 모금 들이키자마자 미소가 절로 나왔다. 시원하고 달콤하면서 럼의 그윽한 향이 목으로 넘어가는 상쾌함이 훌륭했다. 무더위의 불쾌함이 단박에 사라졌다. 생각 같아선 10잔도 마실 수 있을 것 같았으나 '근무 중'임을 각성하고 참아냈다. 하지만 이 맛을 잊지 못해 나는 이튿날 혼자 다시 찾아서 기어이 두 잔의 다이키리를 더 마시고 말았다.

자기만의 자화상

달궈진 아스팔트 위로
훈풍이 도리질하며
앞서 내달음치는
아바나의 거리

진을 빼는 더위에
몸은 뿌리 마냥 내려앉아
옴싹달싹
마음은 들뜬 심장을
움켜쥐고 즐거운 달음박질
무심한 듯 내려다보는
카피톨리아를 보니 괜스레 반갑다

아바나를 만드는
4개 광장 사이로 수없이 보이는
헤밍웨이의 모히토와 다이키리,
체 게바라의 자화상

하지만
사람들은 저마다 자기만의
모히토와 다이키리
그리고 체 게바라의 얼굴을
하고 있다

체 게바라와 헤밍웨이

쿠바혁명 이후 미국과의 국교 단절로 폐쇄적인 공산국가였지만 최근 빗장을 풀면서 분주한
모습이 된 쿠바의 수도 아바나. 아직 이중화폐를 쓰고 교통과 호텔 서비스 문화에서 해결해야
할 문제들이 많지만 체 게바라와 헤밍웨이를 흠모했던 이라면 여행할 가치가 충분한 곳이다.
아바나 어디를 가도 두 인물의 흔적이 보인다. 상술이 더 부각돼 아쉽기는 하지만, 지속적으
로 발전할 쿠바에서 꾸준히 만나게 될 놀랄 만한 관광 자원이기도 했다.

헤밍웨이가 즐겨 마셨던
다이키리(왼쪽)와 모히토(오른쪽).

베트남

냐짱Nha Trang

젊음의 해방구

비행기로 5시간 안에 갈 수 있는 편안한 여행지가 어디냐고 묻는다면 나는 주저 없이 베트남 냐짱을 꼽겠다. 한 번도 오지 않은 사람은 있어도 단 한 번만 온 사람은 없을 것이라고 말하는 데는 그만한 이유가 있다. 삶의 무게에 눌려 가슴 속 깊이 꾹꾹 담아놓고 사는 사람들이 소유와 존재의 슬픈 경계에서 벗어날 수 있는 곳이라면 과한 표현일까? 모두 내려놓고 진짜 쉬고 싶은 사람들을 위한 곳이 바로 냐짱이다. 나이 지긋한 분들에게는 '나트랑'이라는 이름으로 더욱 익숙한 그곳.

같은 곳을 여러 번 간다는 것은, 그것도 일로 간다면 지겨울 수 있을 텐데도 5번째 찾는 냐짱은 피곤할 때마다 가는 안식처 느낌이다. 냐짱을 방문한 여행자라면 대부분 즐기는 보트 투어를 중심으로 머드팩과 온천을 즐기며 여유 있는 시간을 보낼 수 있으니까. 7km로 길게 뻗은 해안도로를 눈부시도록 물들이는 일몰과 어느 카페로 들어가도 진한 맛에 흠뻑 빠지게 만드는 커피, 친절한 사람들 그리고 푸른 바다와 아름다운 해변이 가지런히 정돈돼 있는 냐짱은 처음 방문한 사람도 금세 친숙함을 느낄 수 있는 곳이기도 했다.

해안도로를 질주하는 오토바이 행렬을 보면 비로소 냐짱에 왔다는 것이 실감났다. 베트남 하면 떠오르는 것이 오토바이 부대의 질주라 할 수 있을 것이다. 하지만 냐짱의 오토바이는 대도시 하노이나 호치민과는 달랐다. 하노이나 호치민은 처음 맞닥뜨리면 신기하지만 이내 꽉 막힌 교통 체증 이상의 감흥을 주지 못한다. 하지만 7km에 이르는 해안도로를 따라 여유롭게 달리는 냐짱의 오토바이 질주는 현지 젊은이들과 외국 여행자들의 흥겨움을 엿보게 만든다.

냐짱을 즐기기 위해서는 스쿠터를 타야 한다. 걷기에는 좀 한계가 있으니 시내를 둘러볼 때도 가급적 스쿠터를 빌려서 이용하는 것이 좋다. 스쿠터에 자신이 없다면 매우 저렴한 가격의 스쿠터 투어를 신청하는 것도 방법이다. 한국에서야 자동차가 우선인지라 오토바이나 스쿠터는 정말 위험천만하지만 베트남은 자동차보다 오토바이가 주요 교통수단이기 때문에 헬멧을 착용하고 안전수칙만 잘 지킨다면 그리 위험하지 않다. 처음에는 가볍게 냐짱의 젊은 청춘들과 함께 달리기 시작했다. 겉으로 보기에는 혼잡하고 무질서한 듯했지만 막상 그들과 함께 달리다 보니 그들만의 룰 속에서 흥겨운 낭만을 느낄 수 있었다. 젊음의 해방구 안에 함께 내달리는 기분이 들었다. 냐짱은 그리 크지 않기 때문에 반나절만 다녀도 포나가르 사원을 비롯한 랜드마크들을 충분히 돌아볼 수 있다. 어둠이 깔리기 시작해도 냐짱의 질주는 쉬 멈추지 않았다. 황금빛 일몰로 물들어가는 냐짱의 해변은 늘 아름다웠다. 하늘에는 서울에서는 보이지 않던 별들이 촘촘히 떠오르고 있었다.

냐짱에서 빈펄 리조트를 바라보고 있는 베트남 연인

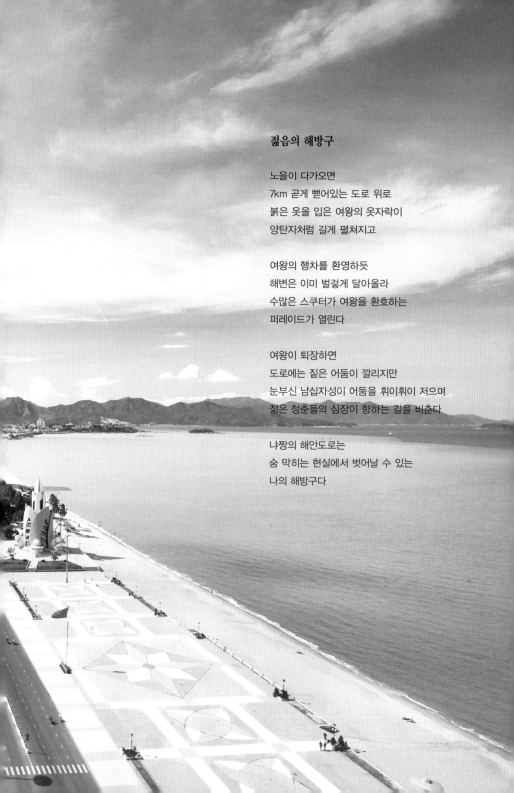

젊음의 해방구

노을이 다가오면
7km 곧게 뻗어있는 도로 위로
붉은 옷을 입은 여왕의 옷자락이
양탄자처럼 길게 펼쳐지고

여왕의 행차를 환영하듯
해변은 이미 벌겋게 달아올라
수많은 스쿠터가 여왕을 환호하는
퍼레이드가 열린다

여왕이 퇴장하면
도로에는 짙은 어둠이 깔리지만
눈부신 남십자성이 어둠을 휘이휘이 저으며
젊은 청춘들의 심장이 향하는 길을 비춘다

냐짱의 해안도로는
숨 막히는 현실에서 벗어날 수 있는
나의 해방구다

냐짱의 오토바이 행렬에 섞여

오토바이의 천국 베트남의 면모는 냐짱이라는 휴양 도시에서도 예외는 아니다. 남중국해를 옆에
두고 길게 뻗은 7km의 해안도로는 냐짱을 찾은 관광객들은 물론 현지인들에게 최고의 드라이브
코스로 사랑받고 있다. 붉게 물들어가는 낙조 때의 드라이브는 흥거운 낭만을 책임진다.

미국

로타 섬Rota Island   비밀의 정원

사이판에서 탄 로타행 비행기는 8인승이었다. 역시나 아담한 로타 공항 활주로에 내린 후 공항 청사를 보니 예전에는 '로타 국제공항'으로 적혀 있었는데 지금은 '벤자민 만글로나 국제공항Benjamin Taiscan Manglona International Airport'로 이름이 변경되어 있었다. 벤자민 만글로나는 북마리아니 제도에서 오랜 기간 주지사와 로타 시장으로서 활약하면서 큰 공헌을 한 정치인이어서 공적을 높이 사 2011년 4월부터 로타 국제공항을 그의 이름으로 변경했다고 한다.

신기한 것은 이 작은 섬에 한국인의 흔적이 꽤 보인다는 점이었다. 공항 내에 한글이 병기돼 있기도 하고 관광지에 가면 한글로 된 설명도 있었다. 덕분에 로타에 대한 첫인상이 더욱 편안해졌다. 로타에는 인구 3500명 중 차모르족이 3000명이고, 나머지 500명이 중국과 일본, 필리핀, 한국, 방글라데시 등에서 건너온 사람들이었다. 차모르족은 관광과 공공기관, 어업에 종사하고, 농사와 공사 관련한 일은 대부분 외지인들이 맡고 있었다. 그러고 보니 뜨거운 태양 아래 일하는 사람들은 대개 동남아에서 온 사람들이었다.

섬 동쪽에 있는 거대한 절벽 아스 만모스As Manmos는 바다낚시 포인트로 유명한 곳으로 매년 6월에 바다낚시 대회가 열린다고 했다. 태평양으로부터 거세게 밀어닥치는 파도에 깎인 절벽이 매우 인상적이고 사정없이 몰아치는 바람에 정신이 아득할 정도였다. 벤치에 앉아 바다를 바라보며 물고기 떼의 움직임을 살펴보는 재미도 쏠쏠할 듯했다. 운 좋으면 고래도 볼 수 있다고. 바닷바람을 맞다 보니 짠내가 보통이 아닌 듯해 물어봤더니 역시나 보통 바다보다 염분이 4배 이상이란다. 때문에 차량들이 빠르게 녹슬어 중고차가 돼버리고, 건물에 페인트를 칠하는 것이 소용없단다. 절벽 위를 산책하고 나오면서 숲길을 달리니 가이드가 말을 건넸다. "4월 말에서 5월 말까지 망고 시즌이에요. 이때 길에서 망고를 줍는 건 일도 아니죠."

그런데 아무리 돌아다녀도 시즌이 아닌 탓인지 길에 사람이 너무 없었다. 조용한 것은 개인적으로 반가운 일이지만 취재를 왔는데 사람이 없다는 것은 큰 일이 아닌가. 이런저런 고민을 하고 있는데 가이드 헨리가 어느 숲 속으로 들어갔다. 모총 라테 스톤 빌리지Mochong Latte Stone Village라는 차모로족의 옛 집터를 안내하는 것이었다. 그런데 산책하듯 숲으로 들어가니 연기가 나는 것이 아닌가. 어느 차모로족 주민이 여유있게 간이 천막을 만들어놓고 쉬고 있었다. 인기척이 나니 멋쩍은 표정을 지으며 일어나며 방긋 웃는다. 그는 조상들이 살던 집터를 관리하는 관리인으로 이곳과 연결된 해변도 관리하는 공무원인 셈이었다.

가장 번화가(?)라는 작은 마을 송송 빌리지SongSong Village에도 행인이 드물었다. 다들 어디 간 걸까? 일부러 시야에 들어온 로타우체국에 들어갔다. 사서함제로 운영되는 로타에서 연락을 받으면 우편물을 찾으러 오는 곳이었다. 푸근한 인상의 우체국장이 기분 좋게 사진 모델을 자청했다. 나는 물었다. "다들 어디 있나요?" 우체국장이 대답했다. "음, 일하고 있죠!" 나는 평상시 다른 지역 취재 때는 둘러보지 않던 경찰서로 들어가 경찰들과 인사를 하고, 바로 옆에 있는 소방서로 가서 느긋하게 수리하고 있는 소방관들과 함께 얘기나누기도 했다. 로타의 공무원들을 모두 만난 듯했는데, 다들 아는 친인척 관계라 범죄도 없고 화재도 거의 없다고 했다.

로타에 착륙하기 전 하늘에서 본 로타의 풍성한 이미지는 마치 잘 다듬어진 정원 같은 느낌이었고, 실제로 이틀 동안 머문 로타는 역시나 그랬다. 비록 많은 사람들로 북적거리지는 않지만 진정한 휴식을 원하는 사람들에게는 최적의 휴양지일 것이다. 사이판에 왔다가 로타를 찾는 한국인 여행자들에게 왜 이곳을 택했냐는 질문을 하니 한결같이 "사람들로 붐비지 않아서요"라고 대답했다. 여행을 좀 해본 사람이라면 공감할 수 있는 대답이 아닐까? 사이판으로 돌아가기 위해 로타 공항을 방문하니 그제야 로타에 온 후 처음으로 여러 사람들을 만날 수 있었다. 로타의 토산품인 자색 고구마를 꽘으로 갖고 가려는 사람, 미국령이다 보니 미 대륙으로 향하는 직항 항공을 타려는 사람, 사이판으로 일 보러 가는 사람 등이 조용한 공항을 들썩이게 하고 있었다.

비밀의 정원

탐험가 드빌이
중부 태평양을 누비다 만난
나란히 놓인 세 개의 섬
그 중 가장 작은 섬 로타
사방이 꽃과 나무로 뒤덮인 이곳을 보고
정원사를 두고 싶어 했으리라.
누구에게도 말하고 싶지 않은 섬
자기만의 정원을 갖고 싶게 만드는
이기심을 전염시키는 섬

자기만의 정원을 가진 듯한
평온한 원주민들의 미소는
선선한 무역풍을 닮아 발걸음이 유난히 가벼워 보인다.
서쪽의 유일한 마을인 송송 빌리지를 지나는 배의 선원들은
웨딩케이크 산을 보며 고향에 두고 온 아내를 생각했으리라.
수천 마리 새들이 보여주는 군무와 바다를 데치는 거대한 고래들
거센 파도를 타고 펄떡이는 거대한 마히마히와 참치

누구든
이 섬을 다녀간다면
침묵하는 법을 배우게 될 것이다.
은밀하게 발견한
자신만의 정원을 상상하며…

로타에서 가장 큰 마을이자, 유일한 번화가인 송송 빌리지

사람보다 자연을 위한 로타 섬

로타는 사이판, 티니안과 세로로 나란히 위치한 북마리아나 제도의 섬이다. 사이판과 티니안이 제2차 세계대전의 격전지였다면 로타는 유일하게 미군이 상륙하지 않아 일본군의 방어진지만 있을 뿐 자연 그대로 보존돼 있다. 1년 내내 부는 무역풍으로 상쾌한 여행을 즐기기에 적당하며 섬이 작아 자동차로 반나절이면 한 바퀴 돌 수 있다. 인구가 3500명 정도밖에 되지 않아 사람과 마주치는 것이 드물 정도로 조용한 곳이다.

세계적인 바다낚시 대회가 열릴 정도로 유명한 아스마모스.
거친 파도와 거대한 마히마히와의 싸움은 낚시꾼들의 로망이다.

카타르

도하Doha

아라비안 나이트

우연히 길을 걷다 낯선 곳에서 익숙함을 발견하고 놀랄 때가 있다. 낯섦과 익숙함은 평행선을 달리고 있는 것이다. 예기치 않게 짧은 체류를 했던 도하는 더 많은 시간을 함께해 달라는 매혹적인 목소리가 귓전에 맴도는 신기루 같은 도시였다.

살면서 직접 페르시아 만에 발을 담가볼 수 있는 기회가 얼마나 될까? 그 놀라움은 나의 감각에 깊이 박혀버리고 말았다. 인천공항에서 10시간을 날아 도하국제공항에 착륙하면서 본 새벽에 잠긴 카타르의 수도 도하는 잘 정돈된 잔디밭 같은 느낌이었다. 마치 자로 잰 듯 건물을 지었고 계속 건물을 지어가고 있는 도하. 카타르를 잘 모르는 사람이라도 축구를 잘하고 중동 지역에 있으니 오일달러가 풍부한 나라 정도는 알 것이다. 여기에 2022년 월드컵을 개최할 곳이라는 것까지 안다면 카타르에 대해 제법 많이 아는 사람 축에 들지 않을까. 하지만 우리는 아직 카타르에 대해 한참 모르는 것이 많다.

카타르의 수도 도하는 페르시아 만에 위치한 카타르에서 가장 큰 항구

도시이자, 경제 중심지다. 지난 2006년 아시안게임을 개최했고, 중동 최초로 2022년 월드컵까지 개최하는 곳이다. 국토 넓이는 우리나라의 경기도 정도지만 천연가스와 원유 매장량을 자랑하는 자원 부국이자 경제 부국으로 손꼽히는 곳이다. 2006년 아시안게임을 개최한 이후 눈부신 발전을 거듭하는 곳으로 도하 시내 곳곳에 건설하고 있는 고층건물이 이를 증명이라도 하듯 하늘을 찌르고 있었다. 카타르의 원유 매장량은 향후 20년이면 고갈될 상태이기 때문에 원유로 부강한 나라라는 표현보다는 세계 매장량 4위인 천연가스로 부강해진 나라로 봐야 할 듯했다. 어찌됐든 기름 1리터에 300원이라니 2000원에 육박하는 우리나라와 비교하면 정말 부러울 따름이었다. 국민소득은 9만 불이란다. 전체 인구 60만 명 중 순수 카타르인은 20%인데, 이들에게는 국가에서 1가구 1주택과 매달 2000만 원의 생활비를 무상으로 지급하고 있기도 하다. 그냥 아무 조건 없이 지급하는 것. 더불어 사막 투어에 적합한 최고급 크루저 또한 덤으로 분기별로 지급하고 있단다. 그래서 이들은 최신형 크루저라도 3개월만 타고 중고차 시장으로 보낸다고 하니 참으로 즐거운 인생 같다. 그 중고차 아닌 중고차는 외국 대기업 주재원 또는 외국 노동자들에게 저렴하게 팔린다고 한다.

올드마켓과 골드마켓, 이슬람예술박물관부터 화려한 스카이라인을 자랑하는 도하 신도시, 시티센터까지 시원한 승합차를 타고 도심의 랜드마크를 둘러보는 동안 가장 인상적인 곳은 현지인의 생생한 삶을 볼 수 있는 전통시장이었다. 하늘을 찌를 듯한 마천루가 올라가는 신도시와 달리 중세시대부터 내려온 이슬람식 흰색 건물들이 미로처럼 엮여 있고 차도르를 입은 여인들이 부지런히 쇼핑을 하는 모습이 내가 카타르에 와 있음을 다시 상기시켜 주는 듯했다. 특히 전통 제복을 입은 경찰관들이 사람 좋은 표정으로 순찰을 하는데 가끔 말을 타고 다니기도 했다. 전통시장에 매를 포함한 새를 파는 상점이 많았다. 매의 경우 부와 힘의 상징이라는 의미를 갖고 있어 카타르 사람들은 자동차만큼이나 매를 갖고 싶어한다고 했다. 이런 이유로 도시 곳곳에 매의 사진이나 문양을 쉽게 볼 수 있었다. 시장 안에는 골동품이나 양탄자 그리고 형형색색의 향신료를 파는 곳이 많아 눈도 즐겁고 현지인들이 어떻게 살아가는지를 엿볼 수 있어 흥미진진했다.

카타르는 1971년 영국으로부터 독립한 이후 국토 대부분이 식물 하나 재배할 수 없는 버려진 땅이나 다름없었다. 북쪽의 바레인 인접 지역을 중심으로 진주 거래에 의존하던 빈곤 국가였지만 이후 원유와 천연가스 개발을 통해 부국으로 급상승했던 것. 과거 진주 거래에 사용했던 배 '도우'는 이제 관광선으로 활용하고 있었다. 도하라는 도시가 생기게 된 계기도 영국령 당시 진주 거래로 주 수입원으로 삼다가 영국에 의해 남부 지역의 석유 개발이 본격화되면서 지금의 도하가 건설됐다. 신도시를 둘러보면서 신기했던 점은 바로 우체국은 있지만 우체부는 없다는 사실이었다. 이유인즉슨 날씨가 너무 더워 배달하려는 사람이 없다고 하니 사서함 방식으로 운용한다. 또한 멋진 크루저 차량에 모래 흙먼지가 가득 쌓여있는 모습을 종종 볼 수 있었는데, 세차를 안할 정도로 게으른 차주가 아니라 사막 투어를 다녀온 것이 자랑스러운 일이라 그대로 놔두는 경우가 많다는 설명을 듣고 놀라기도 했다.

마침내 나도 내륙 사막 투어를 위해 4륜구동 크루저를 타고 달렸다. 단순히 모래 위를 달리는 것으로 생각했지만 착각이었다. 보기만 해도 아찔한 급경사를 바로 옆에 두고 아슬아슬하게 거침없이 달리는가 하면 거의 날았다고 생각했는데 어느새 45도 각도로 누워서 달리기도 하는 그야말로 다이내믹 익스트림 스포츠 체험이었다. 단순한 사막 질주가 아닌 만큼, 사막 운전 경력 10년 이상의 베테랑만 운전할 수 있다는 말이 허언이 아니었다. 몇 시간을 사막 언덕을 오르내리고 가로지르다 해안이 보이는 모래 언덕에 도착했다. 갑자기 바다가 나타나다니. 바로 페르시아 만이었다. 위용을 자랑하려는 듯 거친 파도를 연신 내보내느라 허연 입김이 해안가를 뒤덮고 있었다. 베두인의 전통 캠프에 들러 카타르식 바비큐 요리를 먹고 돌아오는 길에도 페르시아 만의 부드러운 해변 모래를 밟는 감촉이 잔잔하게 이어졌다.

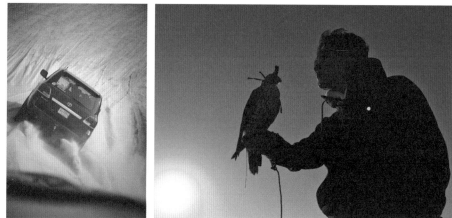

아라비안 나이트

아라비아 해에 어둠이 깔릴 때까지
4륜구동이 뱉어내는 모래의 숨이 거칠다
베두인족 천막에 깔린 양탄자에 누워
물담배가 뿜어내는 과일 향의 연기에
천일야화라도 꺼내놓는 줄 알고
별들이 귀를 대고 바짝 다가와 앉는다

도하에서 즐긴 사막 투어

중동 지역이 대부분 그렇지만, 사막 투어는 주말에 즐길 수 있는 현지인들의 여가 생활이자 부의 척도다. 4륜구동 자동차를 타고 모래 사막을 오르내리면서 스릴을 즐기다가 사막 한가운데 있는 베두인족의 천막촌에서 전통 요리와 공연을 보면서 밤늦게까지 즐기다 보면 어느새 바로 머리 위까지 내려앉은 별을 볼 수 있다. 아라비아 해의 파도 소리가 깊은 어둠의 적막을 깨는 카타르 도하의 사막에는 수많은 여행자들의 이야기가 모래처럼 굴러다닌다.

보이지 않았던 것들

보이는 길 밖에도 세상은 있다. 내가 보지 못했고 미처 알지 못했던,
그러나 여행이 들려준 낯선 장면들.

모리셔스

모리셔스Mauritius

잊을 수 없는 발견

어쩌다 보니 오지 전문가라는 타이틀을 얻을 정도로 남반구와 북반구를 오가며 극과 극의 여정이 잦았다. 덜 알려진 곳을 주로 다니다 보니 신선하다는 장점이 있지만 그만큼 편안함을 포기해야 한다는 의미이기도 했다. 아프리카 대륙과 접한 인도양에 자리하고 있는 모리셔스는 낯익고도 낯선 곳이었다. 글과 사진으로는 많이 접했지만 처음 발을 디딘 곳. 눈부시도록 푸른 하늘을 향해 끊임없이 머리를 흔들어대는 사탕수수밭이 먼저 나를 반겼다.

모리셔스는 몰디브, 세이셸과 함께 인도양을 대표하는 휴양지다. 1598년 네덜란드인이 모리셔스에 도착했을 때 끝없이 펼쳐진 사탕수수밭 외에는 단 한 명의 원주민조차 살고 있지 않은 무인도였다.

그러나 무혈(?) 식민지 선포에 식상했는지 아프리카 케이프타운을 거점으로 삼으며 프랑스가 슬쩍 발 담그는 것을 용인하고 말았다. 그리고 프랑스는 개발 의지를 보이며 아프리카로부터 노예들을 수입하고 인도로부터는 이민을 장려해 도시를 만들어갔지만 1810년에 영국에 빼앗기고 말았다. 오랜 시간 영국의 식민지로 아프리카, 인도, 중국, 동남아 지역의 노동자들이 대거 유입되면서 다양한 종교와 문화가 공존해왔고 1968년에 독립하면서 지금의 모리셔스 공화국Republic of Mauritius이 됐다.

비행기에서 내리자마자 나는 심호흡을 했다. 상쾌한 공기가 폐까지 닿는 듯했다. 모리셔스는 아열대 해양성 기후로 연중 일정한 20~27도를 유지하는데 겨울(5~11월)이라고 해도 20도 안팎의 적당한 날씨로 쾌적하기 그지없다. 기본적으로 모자, 반팔 티셔츠와 반바지를 착장하고 바람막이 점퍼 하나만 챙기면 모리셔스를 즐길 수 있는 완벽한 코스튬이 된다. 리조트에만 있어도 좋지만 나는 궁극적으로 모리셔스의 자연이 궁금했다. 특히 바다를 경험하지 않는 것은 직무 유기에 해당할 듯했다. 일명 '쌍동선'이라 불리는 카타마란 요트에 탑승해 에메랄드빛 바다로 나아갔다. 푸른 바다 넘실대는 파도 위에 태양과 바람까지 온몸으로 받아들이며 망망대해로 나아갔다. 유럽 각지에서 온 사람들과 함께 맥주를 마시며 대화를 나누는 요트의 분위기가 유쾌했다. 시원한 맥주를 마시며 인도양을 바라보며 흘려보내는 시간은 분명히 생에 여러 번 맞볼 수 없는 축복이었다. 요트가 스노쿨링 스폿에 도달하자 나는 인도양으로 뛰어들었다. 그랑데리비에레 폭포Grande Riviere Sud-Est Waterfalls를 가까이 둘러보는 동안에는 사람들을 신기한 듯 쳐다보는 원숭이들의 분주한 시선이 느껴지기도 한다. 일로셰프 섬에서는 부드러운 슈거파우더 같은 하얀 모래 위에서 사람들이 뜨거운 태양을 온몸으로 느끼며 선탠을 즐기고 있었다. 푸르디 푸른 하늘을 더욱 돋보이게 하는 다양한 모양의 구름을 올려다보고 있자니 내게 주어진 시간과 상황에 지각을 멈추는 듯했다.

해변에 누워 그렇게 하늘만 바라보고 스르륵 잠들고 싶었다. 무인도였던 이 섬에 최초로 발을 디딘 네덜란드의 어느 선원의 마음도 그랬을까? 앞에서도 말했듯이 모리셔스는 1507년 포르투갈 탐험대가 발견했지만 사탕수수만 있는 무인도라 방치했고 1598년 두 번째로 방문했던 네덜란드가 식민지로 만들었다. 하지만 네덜란드마저도 남아프리카공화국 케이프타운을 식민지로 만드느라 한눈을 파는 사이 은근슬쩍 프랑스가 점령했다. 프랑스는 아프리카로부터 노예를 수입하고, 인도로부터 이민을 장려하면서 도시를 만들어갔지만 1810년에 영국에 빼앗겼다. 이러한 역사로 인도인과 중국인, 흑인 등 다양한 인종이 어우러져 살고 있는 모리셔스. 노동력을 위해 끌려온 아프리카 흑인들이 모진 학대를 피해 르몽 산MT. Le Morne에 숨어 지냈지만 노예 해방을 알리러 온 군인들을 보고 투신 자살을 한 안타까운 역사의 아픔이 섬 깊숙이 깔려 있기도 했다.

모리셔스에서의 5박은 그 어느 때보다 아쉽게 느껴졌다. 해변에서 맞는 일몰은 경이로웠다. 여러 섬나라를 다녔지만 이처럼 조용하고 아름답고도 처연한 일몰은 처음이었다. 저녁 식사를 끝내고 바에 앉아 맥주 한 잔을 들고 바다를 바라보는데 코발트빛 바다 위로 시뻘건 태양이 서서히 고개를 숨기고 있었다. 쉴 새 없이 고개를 흔드는 사탕수수밭의 바람 소리를 듣다보면 무인도였던 과거로 타임슬립하는 기분에 휩싸였다. 그 바람의 소리를 따라 천천히 모리셔스를 돌아보기 위해서는 보름 정도는 시간이 필요하지 않을까? 여행자의 욕심은 끝이 없다.

#TIP

모리셔스로 가는 법

유럽, 중동, 아시아 등 다양한 루트로 갈 수 있지만 현재 한
국인의 경우 두바이를 경유해 가는 방법과 홍콩을 통해 가는
방법이 편리하다. 두바이로 가는 경우는 스톱오버로 두바이
관광까지 하고 여유롭게 움직이기 때문에 신혼 여행객들이
즐겨 이용하고, 홍콩을 통해 가는 방법은 하루라도 빨리 모리
셔스에 닿고자 하는 여행자들이 주로 이용한다. 아이를 동반
한 가족의 경우 오랜 비행과 체류로 인해 모리셔스에 도착하
기도 전에 지칠 수 있으니 홍콩 루트를 택하기 바란다. 어차
피 모리셔스는 천국이니 긴 비행의 고통쯤 도착하는 순간 증
발해버리는 마법을 경험할 수 있다.

사탕수수밭이 내뱉는 바람소리

먼저 반긴 것은 사탕수수밭이었다.
탐험가든, 정복자든

부시도록 아름다운 하늘과 바람 그리고
산호가 만드는 파도
이렇게 달콤한 섬이 무인도였다니
바다를 뒤지던 정복자들도 탐험가들도
눈을 감고
고향의 아이를 생각했으리

수만 년 동안
섬 홀로
사탕수수를 키워내며
바위를 깎고 해변을 만들어내면서
찾아와 머물 사람은
저 싫다 넘기고 떠나는 사람이 아닌
소중히 다뤄줄
사람이었으리

섬은
그대로 그 마음 안고
견디고 살아왔는데
그대들은 그러했던가
사탕수수밭이 내뱉는 바람소리
유난히 따갑다

아름다운 모리셔스의 고독한 역사

화산 폭발로 생겨난 아프리카 동부의 무인도. 1507년 포르투갈 탐험대가 발견했지만 사탕수수만 있는 무인도라 방치했고 1598년 두 번째로 방문한 네덜란드가 식민지로 만들었다. 그런데 네덜란드마저도 남아프리카공화국 케이프타운을 식민지로 만들며 한눈을 파는 동안 은근슬쩍 프랑스가 점령했다. 프랑스는 아프리카로부터 노예를 수입하고, 인도로부터 이민을 장려하면서 도시를 만들어갔지만 1810년에 영국에 빼앗긴다. 이러한 역사로 인도인과 중국인, 흑인 등 다양한 인종이 어우러져 살고 있는 모리셔스. 노동력을 위해 끌려온 아프리카 흑인들이 모진 학대를 피해 Le Morne 산에 숨어 지냈지만 노예 해방을 알리러 온 군인들을 보고 투신자살을 한 안타까운 역사의 아픔이 섬 깊숙이 갈려 있다.

바누아투

포트 빌라Port Vila   시간 속으로 산책

바누아투를 알게 된 것은 모 방송국의 다큐멘터리로부터 시작됐다. 시작이야 어쨌든 결과적으로 그곳은 징그러운 곤충을 먹어대는 원주민들의 나라가 아니라는 점을 이야기하고 싶다. 눈이 휘둥그레질 만큼 화려한 5성급 리조트부터 유럽식 저택들이 수도인 포트 빌라를 에워싸고 있었다. 우아하면서 신비로운 곳이었다. 교육열 또한 높아서 고급 영어를 구사하는 사람도 많고 문을 열어놓고 살아도 될 만큼 치안도 훌륭하고 이방인에게 인심도 후했다. 더욱 더 매력적인 것은 엄청난 양의 황금이 매장돼 있지만 도저히 개발하기 힘든 거대한 밀림에 뒤덮여 있는 기회의 땅이라는 사실이었다.

솔로몬 군도 남쪽에 자리한 바누아투는 원래 제임스 쿡 선장이 명명한 뉴헤브리디스New Hebrides라고 불리다가 1980년 영국과 프랑스로부터 독립하면서 국명을 바누아투Vanuatu로 바꿨다. 바누아투가 '우리의 땅'이라는 뜻으로 열강으로부터 벗어난 바누아투 국민들의 열망이 담긴 이름이었다. 이 때문인지 사람들은 스스로를 말할 때 니바누아투NI-Vanuatu(바누아투의 국민)라고 부를 정도로 자부심이 강했다. 바누아투는 남북으로 길게

뻗은 80여 개 섬들 가운데 수도 빌라가 있는 에파테_{Efate} 섬을 중심으로 북쪽 산토_{Santo} 섬과 남쪽 탄나_{Tanna} 섬이 대표적인 지역이었다. 호주와 피지 사이에 있으며 뉴칼레도니아가 인접해 있다는 것만 알면 대충 위치 파악이 가능할 듯하다.

포트 빌라의 전체적인 모습은 뒤로는 그리 높지 않은 언덕이 있고 앞쪽은 푸른 바닷가를 끼고 있어 마치 그리스의 휴양지를 보는 듯했다. 놀라운 것은 거리 곳곳에 중대형 마트가 적지 않게 보였다는 점이다. 호주와 뉴질랜드의 부호들이 리조트 사업에 뛰어들면서 관광객이 대거 늘어나 물가도 다소 비싼 느낌이었다. 영국과 프랑스로부터 좀 늦게 독립한 탓에 아직도 시내 곳곳에는 유럽식 저택들이 많이 보이는 소비 중심의 휴양지가 바로 포트 빌라의 첫인상이었다.

나는 먼저 바누아투의 전통박물관을 방문했다. 박물관이라고 하기에는 너무 작다는 느낌에 다소 당황했는데, 마침 한 켠에서 부지런히 박물관 확장공사를 하고 있는 중이었다. 공사 중이라 다소 시끄러운 가운데 박물관의 관장이 문자가 없었을 당시 상형문자로 의사를 전달했던 이른바 샌드드로잉_{Sand drawing}을 시연해 보였는데 한 번 그리면 떼지 말고 그려야 한다며 조심스러우면서도 자연스레 손가락을 움직이기 시작했다. 그저 의미 없이 손을 휘젓는 듯했지만 어느새 특별한 문양이 완성돼 있었다. 이런 각양각색의 문양은 바누아투의 자연에서 힌트를 얻어 의사를 전달하는데 다채롭게 사용했다. 샌드드로잉이 대단한 것은 순전히 기록이 아닌 입에서 입으로 4500년이라는 긴 세월 동안 구전으로 전해져 내려왔다. 나는 바누아투의 역사가 4500년이라는 사실에 입을 다물지 못했다. 2003년 바누아투의 샌드드로잉은 유네스코 세계문화유산으로 선정됐다.

원래 바누아투는 해충이 없는 깨끗한 나라였다. 하지만 유럽 선교사들이 벌거벗고 사는 바누아투 사람들에게 강제로 옷을 입히기 위해 옷을 대량으로 들여오는 과정에서 유럽의 해충들을 그대로 옮겨왔다고 하니 참으로 안타까운 일이다. 옷은 문명일지언정 더러운 해충과 함께 살았던 그들이 바누아투 사람들 앞에서 우쭐댔을 것을 생각하니 아이러니하지 않을 수가 없겠다. 19세기 초에는 인구가 100만 명이 넘었지만 유럽 선교사와 탐험대들이 각종 질병을 갖고 들어오는 바람에 면역력이 없었던 바누아투 사람들은 속수무책으로 질병에 쓰러지면서 지금은 인구가 23만 명 정도밖에 되지 않는 아픈 역사가 있었다.

영국과 프랑스가 공동 지배했던 역사를 갖고 있어서인지 바누아투에는 두 나라의 문화가 스며들어 있어 특이하면서도 인상적인 도심 풍경을 갖고 있었다. 바누아투 고유의 문화는 아닐지언정 이렇듯 우아한 나라를 보고 내가 처음 목도했던 방송 다큐멘터리는 어떻게 미개인의 나라로만 표현했을까?

80여 개 섬 중에서 가장 평평한 지형 덕분에 에파테 섬 남부 지역의 포트 빌라에 자연스레 수도가 들어서게 됐다. 개발되지 않은 곳은 도대체 무엇이 그곳에 있을지 모를 정도로 빽빽한 밀림을 갖고 있어 감히 들어갈 엄두가 나질 않는 생태계의 보고가 됐다. 탄나 섬의 웅장한 활화산과 신비스러운 자연 경관, 풍부한 천혜의 마리나 시설, 눈부신 산호초와 빼어난 폭포, 무성한 열대우림 등으로 바누아투는 유네스코 세계자연유산으로 등재되기도 했다. 외지인 입장에서 들으면 매우 솔깃할 거대한 금광을 보유하고 있지만 침만 삼켜야 할 듯하다. 금광을 노리는 세계 여러 나라가 있지만 바누아투 정부 입장에서는 개발을 위해 국토를 훼손시키는 것보다 환경을 지키는 대가로 지원금을 받는 것이 더 합리적이라 판단하고 있기 때문이다.

박물관에서 나와 멜레 카스케이드 폭포_{Mele Cascades Waterfall}에 갔다. 포트빌라 시내에서 자동차로 30분을 달리니 폭포로 들어가는 매표소가 나타났다. 입구로 들어가니 바누아투 청년들이 페탕크_{pétanque}라는 프랑스 남부 지방의 전통놀이를 즐기고 있었다. 페탕크는 쇳덩이로 만든 야구공 모양으로 하는 구슬치기 일종으로 구슬 모양만 다르지 우리나라 구슬치기와 별반 다르지 않았다. 예전에는 폭포로 올라가려면 계곡을 따라 비포장 길을 걸어 올라가야 했지만 관광객이 늘면서 올라가기 쉽게 길을 만들어놨다. 그런데 바위들이 이상하게도 미끌미끌하고 둥그렇게 생겼는데 알고 보니 이 산 전체가 오랜 시간 지각변동을 겪은 산호가 산이 되고 짙은 밀림과 어우러져 아름다운 폭포를 만들어낸 것이었다. 다듬어지지 않은 듯 원시 그대로의 자연을 느끼며 폭포 아래서 시원한 물벼락을 맞으니 그 역사의 시간 속으로 산책하는 듯했다.

(위) 야수르 화산의 분화구
(아래) 시뻘건 용암을 바로
눈 앞에서 볼 수 있다

The Essential

태평양 서남부
솔로몬 제도 동쪽
거대한 황금을 품은 채
트로피컬 상큼한 미소를 짓는
바누아투

남태평양을 돌고 도느라
지친 마음 토닥여 주는
시원한 빗줄기
산토리니의 눈부신 항구를 닮아
초행이지만
방금 포트 빌라로 들어서는
범선에 대양의 마음을 닮는다

혼자만 알았으면 좋겠다는
저마다의 소망이
여행자의 흥겨운 발걸음에
담긴 곳
바누아투

바누아투의 눈물

바누아투는 우리에게 허투루 미개의 나라로 처음 소개가 됐던 곳이다. 하지만 프랑스와 영국의 식민지였다 보니 수도 빌라는 산토리니처럼 멋진 풍광을 자랑한다. 바다를 품은 저택과 트로피칼 같은 미소를 지닌 사람들. 섬의 반은 빽빽한 밀림으로 엄청난 금이 매장된 곳이라 세계 열강이 눈독을 들이고 있지만 단호히 개발을 거부하고 자연을 지켜가고 있는 나라이기도 하다. 하늘로 날려 보내는 시뻘건 화산재를 눈으로 볼 수 있는 탄나 섬의 야수르 화산은 바누아투의 자랑이다. 밤이면 용암이 내뿜는 불빛이 바다에서도 훤히 보여 '태평양의 등대'라고도 한다. 섬 안에서는 가급적 바람을 등지고 서 있어야 날아오는 화산재로부터 위험을 막을 수 있다.

일본

아키타 현Akita Prefecture

절망의 지혜

일본 혼슈의 북단에 위치한 아키타로 향하는 비행기 안에서 나는 아키타 관련 자료를 시큰둥하게 읽고 있었다. 그러다 도착 안내 소리에 무심코 창 너머를 내다보는 순간 하얗게 눈으로 뒤덮인 아키타가 한눈에 들어왔다. 아담하고 작은 아키타 공항에 내리면서 심상치 않은 눈의 규모가 눈에 들어오기 시작했다. 도로 양쪽으로 2m 이상 눈이 쌓여 있었다. 다행히 차가 달리는 도로에는 물기 하나 안 보였다. 아키타의 제설 능력에 감탄사가 터졌다.

2시간여 양쪽에 쌓인 거대한 눈 사이를 달려 아키타 현 남부에 위치한 요코테에 먼저 도착했다. 12월 중순부터 3월까지 일본에서 가장 많은 눈이 내리는 곳이 요코테였다. 쌓인 눈은 그야말로 장관이었다. 가이드에게 무심코 제설 비용을 물었더니 한해 17억 엔이라는 돈이 든단다. 쌓인 눈이 녹기 시작하는 2월 중순 이후는 붕괴 사고 위험 때문에 쌓인 눈을 직접 부숴야 했다. 그 장면 또한 볼만하겠다는 생각이 들었다. 어차피 지독히 추운 겨울, 내리는 눈을 거부하며 살 수 없지 않은가. 그것을 절망이 아닌 축제로 승화시켜 즐기는 지혜가 멋지다고 생각됐다.

요코테 성으로 올라가는 길을 따라 다양한 크기로 만들어진 눈집 가마쿠라Gamakura가 지어져 있었는데 휴일을 맞아 놀러온 사람들로 북적거렸다. 아이들과 함께 나온 가족이 많았고 가마쿠라 안에서 포즈를 취하며 사진 촬영을 하거나 눈싸움을 하는 등 여유롭게 눈을 즐기는 모습이 이채로웠다. 성이라고 하기에 그리 크지 않지만 눈에 쌓인 요코테 시가 한눈에 들어오는 전망대에 서니 가슴이 벅차올랐다. 화려하고 거대한 건물은 없지만 차분하게 설원에 눌러앉아 풍류를 즐기는 듯한 모습이 연상됐다. 눈이 많이 내리는 12월 중순부터 3월 말까지 아키타 현 각지에서는 겨울 축제가 펼쳐졌다. 인위적으로 만들어진 이벤트가 아니라 오랜 동안 이어져온 전통 축제였다. 결국 겨울에 찾은 아키타 현에서는 어느 도시 어느 지역을 가든 축제의 한복판에 발을 들여놓는 셈이었다.

어둑해질 무렵 나는 이눗코 마츠리 축제를 즐기고자 유자와市 광장으로 향했다. 아니나 다를까 간간히 눈발이 날리는 추운 날씨임에도 많은 사람이 거리에서 펼쳐지는 전통 공연에 몰입하고 있었다. 더욱 놀란 것은 100m 이상 길게 늘어선 다양한 포장마차였다. 익숙한 메뉴부터 아키타 전통음식까지 참으로 다채로운 메뉴들이 즐비했다. 머리 위로 쌓이는 눈처럼 입 안에 군침이 고였다. 광장에는 다양한 크기의 이눗코 설상이 세워져 있었다. 우리나라의 해태상과 비교해 강한 인상은 아니지만 왠지 믿음직하고 정겨운 모습의 이눗코가 사당을 지키고, 가족과 함께 나들이 나온 많은 아이들이 석상의 머리를 쓰다듬으며 밝게 웃는 모습은 마치 한 편의 동화를 보는 듯했다. 이눗코는 단순히 사당을 지키는 개가 아니라 아이들의 친구라는 느낌이 들었다. 아이들의 웃음소리와 사랑을 속삭이는 연인들의 입김 그리고 명품으로 인정받는 아키타의 사케를 커다란 항아리에 담아와 공짜로 퍼주면서 축제 분위기를 달구는 상인의 바쁜 움직임에 정신없이 끌려다녔다.

낯선 곳에서 맞닥뜨린 낯선 축제지만 결코 낯설지 않은 추억들이 하나둘 떠오르기 시작했다. 내 어린 시절 희미하게 각인돼 있던 거리와 동네사람들, 먹거리, 가로등 불빛들을 담은 전경들이 뇌리를 스치고 지나갔다. 묘한 동질감이었다. 전통을 지켜주고 지켜가는 아키타 현 사람들의 얼굴들을 보고 있자니 여유롭게 미소가 흘러나왔다. 지켜가는 모습, 지켜주는 마음을 닮고 싶었다.

어느 순간 어두운 하늘이 터지기 시작했다. 1시간 동안 수천 발의 폭죽이 이눗코마츠리에 참가한 사람들의 얼굴에 환하게 비쳤다. 넋을 놓고 밤하늘의 폭죽 쇼에 얼굴을 담그니 추위도 사라지고 훈훈한 추억과 아름다운 미소만이 번져 나왔다. 축제의 첫날이 지나가고 있었다.

절망의 지혜

일본에서 눈이 가장 많이 내리는 요코테
도로 양 옆으로 2미터 눈이 퍼레이드 대열을 만들지만
정작 도로에는 눈이 쌓이지 않는다

재앙과도 같은 눈을 사람들의 지혜와 열정으로
녹이고 쌓아가며 마츠리(축제)로 승화
길게 엿가락처럼 뽑아지는 하얀 입김이
물 맑은 사케의 진한 향과 훈담으로 어우러져
일곱 색깔 색유리를 하늘에 흩뿌려 놓는다

모두가 입을 다물 줄 모르는
12월부터 3월까지
눈이 주는 축복의 마츠리가
아키타에서 펼쳐진다

아키타의 겨울 축제

혼슈 북단 아키타 현의 요코테는 12월부터 3월까지 일본에서 눈이 가장 많이 내리는 지역이다. 물이 맑아 사케가 맛있고 일본의 3대 우동 중 하나인 이나니와 우동과 온천의 천국이기도 한 곳이다. 세상 천지에 이토록 많은 눈을 받아들이며 평온하게 사는 사람들이 있을까. 자연과 함께 어우러져 사는 지혜가 흥겨운 마츠리(축제)로 승화되는 이곳에서 눈물 나게 눈을 맞았다.

스위스

로이커바트Leukerbad

부끄러운 오만

근두운을 타고 다니는 손오공도 아닌데 구름 위의 마을을 만날 수 있다니 신기할 따름이었다. 게다가 마을 전체가 온천이라니! 스위스 로이커바트로 가는 길은 오랜만에 설렜다. 스키와 보드 그리고 하이킹을 즐기고 난 후 온천에 몸을 담근다면 그야말로 금상첨화일 것이다. 그런데 그곳에서 나는 생각지도 못했던 은밀하고(?) 짜릿한(?) 경험을 하게 됐다.

날씨는 눈발이 날리고 춥고 강풍까지 불어댔다. 로이크 역에서 버스를 타고 구불구불한 산길을 따라 30분을 달렸더니 로이커바트가 모습을 드러냈다. 로이커바트는 해발 1411m부터 2610m에 거쳐 형성된 마을이었다. 마을 전체에 총 30개 온천장이 있는 스위스를 대표하는 온천마을이었다. 온천마을답게 도착한 순간부터 여기저기서 끓어오르는 수증기가 보였다. 이곳 온천수는 섭씨 51도로 매일 390만 리터의 물이 30개 온천장에서 솟아나고 있단다. 물의 순환 구조상 빗물의 석회질 지층을 통과해 해발 500m까지 통과한 뒤, 다시 표면으로 솟아오르기까지 40년이 걸리며 칼슘과 유황 성분이 많고 나트륨, 스트론튬, 철분, 불소 성분도 들어있다. 원래 로마인에 의해 발견된 곳이었는데, 괴테와 모파상, 뒤마 등 유명 인사들이 즐겨 찾아 온천 효과를 극찬하기도 했다.

숙소에 짐을 풀자마자 나는 수영복을 챙겨 입고 객실에 비치된 샤워 가운을 걸치고 스파센터 알펜테름Alpentherme으로 향했다. 1993년 완공된 알펜테름은 웅장한 알프스 산봉우리들을 감상하며 온천을 즐길 수 있는 곳으로 많은 유럽인들이 즐겨 찾는 곳이었다. 특히 스위스 올림픽 선수단의 전속 치료센터로도 잘 알려져 있었다. 감사하게도 나의 숙소였던 린드너 호텔Lindner Hotel에 투숙한 사람은 무료로 알펜테름 스파센터를 이용할 수 있었다. 호텔 지하를 통해 스파센터로 들어가니 실내 풀과 실외 풀이 보였다. '땅 속 열기를 느끼며 행복을 향해 수영한 뒤 만끽하는 안락한 휴식'이라는 알펜테름의 컨셉트 문구가 바로 와닿았다. 둘러보니 각양각색의 마사지 시설부터 여유로운 온천탕, 베드와 벤치, 휴게실까지 쾌적해 보였다. 직원 한 명이 36℃의 열탕 온도가 사람 체온과 가장 비슷해 심장질환을 대비해 오랫동안 몸을 담그고 있어도 전혀 무리가 되지 않는다고 귀띔해주었다. 때문에 대부분 온천탕이 36℃를 유지하고 있다고. 눈이 내리는 야외 온천탕에 몸을 담그니 그간의 피로가 순식간에 풀리는 듯했다. 눈을 맞으며 온천욕을 즐기다 보니 이곳을 처음 발견해 온천을 즐겼을 로마인들의 모습이 자연스럽게 투영됐다.

지하에 있는 사우나 시설이 훌륭하다는 직원의 조언에 따라 엘리베이터를 타고 내려가 사우나 문을 열었다. 순간 놀라 말이 나오지 않았다. 분명히 표지판을 보고 들어왔는데, 여탕에 잘못 들어왔다는 생각에 후다닥 되돌아나왔던 것이다. 식은땀이 흘렀다. 마음을 진정시키고 있는데 여탕이라고 생각한 곳으로 남자들이 계속 들어가는 것이 아닌가!

그곳은 남녀혼탕이었다. 유럽에서는 흔한 풍경이었다. 잠시 후 나는 가운을 고쳐 입고 다른 남자 무리를 따라 들어갔다. 약간의 용기가 필요했다. 사우나 안의 사람들은 남녀노소 할 것이 가운을 벗어놓고 수건만 걸치고 아무렇지 않게 사우나를 즐기고 있었다. 스팀 룸에 배에 한껏 힘을 준 동양 사내가 들어오니 시선이 집중되는 통에 매우 부담스러웠지만, 나는 애써 무시하고 태연하게 양반다리를 하고 자리에 앉았다. 좀 시간이 지나고 나서야 나도 자연스럽게 사우나 곳곳을 활보할 수 있었다. 역시 사람은 환경의 동물이란 것을 새삼 깨달았다. 그런데 어느 순간 다시 흠칫 놀라고 말았다. 젊은 여성들이 사우나 바깥에 마련된 야외 온천탕에서 나오는가 싶더니 계속 쌓여가는 눈밭에 실오라기 하나 걸치지 않은 채 몸을 던져 눕는 것이 아닌가! 이미 각오했던 광경이었는데도 내 얼굴이 붉어졌다. 물론 동양 여성은 없었다. 사우나 안에는 건장한 서양 남녀와 나뿐이었다.

부끄러운 오만

저기 앞
알프스를 바라보는 노천탕에
칠칠치 못하게
눈사탕이라도 흘렸는지
사방에 기분 좋은 훈증내가
진동이다

따신 열기의 이마 위로
폴폴 날리는 눈이
그래서 달콤했구나 라는
저마다의 감탄사가
울려퍼지는
한겨울의
로이커바트 온천 마을

자연 앞에 실오라기는
오만한 부끄러움이라며
훨훨 벗어던지고
눈밭과 하나가 되는
지하 혼탕은 덤이다

온천 마을 로이커바트

알프스 산자락을 바라보며 30개나 되는 온천을 즐길 수 있는 스위스 로이커바트는 해발 2610m에 위치하고 있어 구름 위의 온천 마을이라 불린다. 규모 있는 호텔마다 투숙객을 위한 온천 시설을 갖추고 있는데 무료로 즐길 수 있는 온천의 거대한 규모에 놀랄 수도 있다. 사우나는 남녀 혼탕 문화가 있으므로 남다른 컬처쇼크에 대비하는 것이 좋다. 온탕에서 나와 냉탕 대신 눈밭에 드러눕는 선남선녀를 마주하게 될 수도 있다. 당황하는 것은 예의에 어긋나니 주의할 것!

캄보디아

톤레삽 호수 Tonle Sap Lake   **괜찮아요, 우리 삶인 걸요**

아무 생각 없이 다가갔다가는 마음에 상처를 입을 수 있는 곳. 캄보디아에서 낭만적인 낙조를 감상하기 위해 톤레삽 호수 Tonle Sap Lake로 향하기 위해서는 그곳에 살고 있는 난민들의 역사까지는 모르더라도 그들의 현실을 조금은 이해하고 가야 한다. 그렇지 않으면 불쾌한 기분이 내내 쫓아다닐 테니 말이다.

톤레삽 호수를 다녀온 후 그곳 난민들이 사는 모습 그대로를 보여줄 것인가 아니면 적절한 미사어구로 포장할 것인가 하는 고민 탓에 한동안 마음이 복잡했다. 세계에서 두 번째로 큰 호수를 갖고 있으며 불가사의한 앙코르와트 유적을 자랑하는 위대한 크메르 왕국의 후손들이 살고 있는 캄보디아. 하지만 현실은 큰소리로 1달러를 구걸하는 가난한 이들만이 가득한 극빈국의 풍경과 그 난민들을 구경거리 삼는 우리나라 관광객들이 제법 많다는 사실을 목격하고 내내 불편했던 것이다. 하지만 얼마 지나지 않아 나는 깨달았다. 우리 동정 어린 시각과 현지인들의 현실이 같지 않다는 사실을.

톤레삽 호수 주위에 살고 있는 난민들의 삶을 함부로 비하하거나 동정

할 자격은 누구에게도 없다. 톤레삽 호수는 어느 정도 현실 인식을 하고 가야 제대로 여행의 즐거움을 찾을 수 있는 곳이었다.

우기(5~10월)여서 그런지 씨엠립 도로는 물론 주택가에 무릎까지 물이 잠겨 있었다. 걱정스러운 표정을 하는 사람들은 전부 외국인뿐 현지인들은 물을 헤치며 걷거나 스쿠터를 타고 이동할 뿐이었다. 자신의 모습이 이방인들 눈에 어떻게 보일지 전혀 신경쓰지 않는 듯했다. 그들은 태연하게 낚시를 하고 조그마한 양동이에 올라타 배처럼 타고 다녔다. 그들에겐 일상이니 자연스러운 것이 당연했다. 톤레삽 호수로 가는 길은 홍수로 인한 교통 정체로 적지 않은 시간이 흘렀다.

우기가 되면 건기일 때 2500km²인 호수의 수면이 1만 4500km²로 거의 6배 불어나는데 톤레삽의 진면목을 보기 위해서는 당연히 우기를 선택해야 했다. 고대 크메르 왕국 시절 이곳 주민들은 톤레삽 호수 덕분에 부강해질 수 있었다. 우기가 되면 메콩 강으로부터 범람한 물이 흘러들어와 풍부한 고기잡이를 할 수 있었고, 건기에는 물이 빠지면서 비옥해진 땅 덕분에 농사를 지을 수 있기 때문이었다. 메콩 강에서 흘러내려온 흙탕물로 인해 호수는 늘 황토빛이지만 이곳에서 잡히는 물고기가 850여 종으로 연간 100만 톤에 이른다니 사람들에게 소중한 삶의 터전이 아닐 수 없었다.

톤레삽 호수에는 베트남전쟁 당시 공산 정권을 피해 캄보디아로 피난온 베트남 난민들과 극빈층 캄보디아인들이 수상 마을을 이루고 살고 있다. 왜 그들을 육지로 오르지 못하게 하는 지에 대한 캄보디아 정부에 대한 질책은 이제 오랜 시간 수상 생활에 익숙해짐에 따라 무색하게 돼 버렸다. 유람선을 타고 나아가니 호수의 규모를 실감할 수 있었다.

보기에 초등학생 정도로 보이는 소년이 능숙하게 배의 밧줄을 풀고 배를 띄우는 모습을 흔히 볼 수 있다. 가이드는 재미있는 구경을 하게 될 것이라고 귀띔했는데, 나는 순진하게도 카메라를 만지작거리며 다가올 충격에 그대로 방치되고 말았다. 가히 작지 않은 배를 능숙하게 다루는 소년의 모습을 흐뭇하게 바라봤더니 이내 가까이 와서 어깨를 안마해주는 것이 아닌가. 괜찮다고 사양해도 끝끝내 안마를 계속하는 소년에게 이 일은 생활이었음을 이내 깨달았다. 그때부터 1달러의 충격이 시작됐다. 일행을 태운 작은 유람선이 물살을 헤치며 경쾌하게 호수를 가로지르기 시작하니 이내 자그마한 보트들이 유람선 가까이 몰려들었다. 여행자들이 신기해서 구경을 오나 생각했지만 그들이 가까이 왔을 때 예사롭지 않음이 느껴졌다. 신생아에게 젖을 먹이는 아낙네와 보기에도 흉측한 구렁이를 목에 두르고 있는 아이, 어린 자신의 아이를 두 손에 들고 보여주는 남자 등 그들은 한결같이 "1달러!"를 외치고 있었다. 마음의 준비를 하지 않고 있었기에 속수무책으로 당황할 수밖에 없었다. 출발하기 전에 재미있는 구경을 할 것이라 말했던 말이 떠올라 가이드를 쳐다보니 흐뭇한 표정을 짓고 있었다. 당혹스러웠고 재미도 없었다. 아름다운 호수를 천천히 감상하리라는 기대는 여지없이 무너지고 있었다. 안타까운 마음에 1달러를 내주니 다른 곳에서 또 다른 보트가 달려왔다. 또 1달러를 꺼내면 더 많은 보트들이 몰려들었다. 일행 중 누군가

돈 대신 사탕을 쥐어주자 난민 아이는 사탕을 바닥에 버리고 다시 외쳤다. "1달러!" 어느 선에서 외면해야 했다. 그렇지 않으면 여비가 바닥날지 모를 일이었다.

1달러를 외치는 보트피플의 시선을 외면하고 애써 저 멀리 호수 풍경을 바라보지만 마음이 편치 않았다. 하루 일당이 2달러라고 하니 그들에게 1달러는 큰 돈임에 틀림없지만 이렇게 쉽게 버는 것은 그들에게도 도움이 되지 않을 것이다. 캄보디아 정부도 아예 이들을 관광 상품으로 방치하고 있는 느낌이었다. 이들에게 1달러보다 생활에 필요한 의류나 학용품, 생필품 등을 지급하고 교육 시설을 만들어줘야 할 것 같았지만 현실적으로 만만한 일은 아닐 것이었다.

하지만 이곳도 사람 사는 곳인지라 레스토랑과 교회, 학교가 눈에 띄고, 관공서와 카페도 존재한다. 어느 수상가옥에서는 예쁘게 차려 입고 귀가하는 여인의 모습도 보였다. 캄보디아 정부로부터 방치됐지만 그들만의 질서와 규칙을 세우며 살아가고 있음을 볼 수 있었다. 환경만 다를 뿐이지 밥 때가 되면 밥을 짓는 연기가 굴뚝에서 피어오르고, 식사 준비를 위해 부산히 움직이는 등 우리나라 농촌 생활과 별반 다를 바 없어 보이기도 했다. 아쉬운 것은 이러한 사람들을 단지 구경거리로 봐야 하는 불편한 시선 때문이었다. 그나마 수상가옥(실제로는 이사할 때 통째로 집을 들어 옮길 수 있는 수변가옥으로 우기와 건기 때 집을 이동하는 장면을 흔히 볼 수 있다)에 사는 캄보디아인들은 극빈층일 뿐 자유롭게 육지를 밟고 거주지 이동이 가능하지만, 베트남 난민들은 죽거나 캄보디아 사람과 결혼하지 않는 한 캄보디아 땅을 밟을 수 없단다.

이는 베트남과 캄보디아의 안타까운 역사가 만들어낸 비극이었다. 한편으로는 강에서 태어나고 자랐기 때문에 이제는 육지 생활이 불가능할 정도로 환경에 적응해 버린 사람들. 이곳을 찾는 사람들도 그곳에 사는 사람들도 마음 편히 함께할 수 있는 방법이 없을까? 황토 색깔의 물이지만 손으로 떠보면 맑은 물을 갖고 있는 톤레삽 호수처럼, 이곳 사람들의 마음도 이방인들의 편견처럼 불행하지만은 않으리라. 안타까운 이유로 이곳으로 몰려든 난민들이더라도 시간을 따라 정착하는 동안 아이를 낳고 함께 성장해 나름대로 그들의 꿈을 키워가고 있으니 말이다.

괜찮아요, 우리 삶인 걸요

비가 집까지 들어차
몸 누일 때가 없음에도
어둑해진 날씨를 환하게 비출 정도로
웃을 줄 아는 사람들
안타까운 이방인의 눈빛에
"괜찮아요, 우리 삶인 걸요"

끝이 보이지 않는 저곳은
호수인가, 바다인가
제 몸보다 훨씬 큰 배를 끌고 가는
검게 그을린 어린 선장의 능숙함에
대견함이, 애절함이, 애틋함이

끝을 알 수 없는 황토빛 호수 아래는
빛 바랜 크메르 왕국의 부귀영화
따가운 햇볕에 눈 뜨기 조차 힘겨운
호수 위로는
땅을 밟지 못하는 수많은 난민들

노곤한 감상에 빠지던
여행의 삶은 배부른 투정
우리의 시선이 아닌
그들의 시선으로 바라봐야 할
책임이 있는 곳
톤레삽

톤레삽 호수의 난민들
캄보디아 중앙에 위치한 톤레삽은 동남아시아에서 최대 크기를 자랑하는 호수다. 호수 부
근에 앙코르와트가 있다. 우기가 되면 메콩 강으로부터 범람한 물이 흘러들어 풍부한 어장
을 형성했고 물이 빠지면 비옥해진 땅 덕분에 농사를 지을 수 있어 고대 크메르 왕국이 부
강하던 이유였다. 베트남전쟁 당시 공산 정권을 피해 이곳으로 피난온 베트남 난민들은 여
전히 외교적 문제로 땅을 밟지 못하고 수상가옥 생활을 하고 있다.

비가 조금만 내려도 홍수가 되지만 정작 캄보디아 사람들은
이런 자연과 어우러져 사는 법을 자연스레 터득했다.

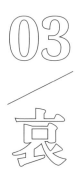

03
哀

낯설고도 익숙한 슬픔

어디를 가도 찡한 눈물과 회한과 상처가 보였다.
가슴에서 지워지지 않을 세상이었다.

오스트리아

빈 Wien

중앙묘지 32A 구역

솔직히 잘츠부르크와 인스부르크로 가기 위해 잠시 들를 생각이었던 빈이었다. 그래서 일부러 많은 준비를 하지 않았다. 있는 그대로를 느끼고 싶었다. 숙소에 여장을 풀자마자 나는 늦은 저녁 식사를 해결하고 산책을 즐길 겸 거리로 나섰다. 호텔 로비를 나서자마자 가녀린 가로등에 비친 포티브성당 Votivkirche 실루엣이 눈에 들어왔다. 두 개의 첨탑이 하늘을 향해 서로 올라가는 것처럼 생동감 있어 보였다. 애초에 눈부시도록 하얀 대리석이었겠지만 오랜 역사를 거쳐 오면서 불에 그을린 듯 다소 검게 변한 외벽이 오히려 웅장하게 느껴졌다. 슈테판대성당과 함께 빈에서 가장 위대한 걸작이라 불리는 건축물을 쉽게 만났다는 사실에 나는 기분이 들떴다. 짧게 머무는 여행지일수록 숙소 위치가 중요한 법이었다. 토요일 저녁 시내 중심가는 젊은이들이 많았음에도 고성이나 눈살을 찌푸릴 만한 행위는커녕 조용한 것이 낯설기까지 했다. 포티브성당 앞에 있는 공원 벤치에 앉아 커피를 마시니 마침내 진짜 오스트리아에 들어온 느낌이었다.

시차 때문에 거의 밤을 새다시피 하곤 새벽에 눈을 떴다. 사람 키보다 더 큰 창문으로 여명이 슬그머니 아는 체를 했다. 빈의 반이 공원이라더니 정말 사방이 공원이었다. 이른 아침부터 산책을 즐기거나 조깅을 하는 사람들을 구경하며 한가로이 걷다 보니 어느새 호프부르크 왕궁 앞이었다. 1935년 오스트리아 린츠 출신의 히틀러가 수십만 독일군 앞에서 피를 토하며 연설했던 그 역사적인 현장이어서 그런지 쩌렁쩌렁한 히틀러의 육성이 들리는 듯했다. 궁전 중심부에 공사 현장처럼 파헤쳐진 곳이 보이는데 이는 3000년 전 로마군의 집터로 지하철 공사 때 발견되어 현장을 그대로 유적으로 보존하고 있었다.

궁전을 나오니 미하엘러 광장 한복판에 있는 건물이 눈에 들어왔다. 주변 건축물들의 화려한 외관과 판이하게 다른 현대적 건축물은 로스하우스였다. 100년 전에 지어진 건물로 현대 건축의 아버지라 불리는 아돌프 로스가 만든 집이었다. 이 집이 지어질 당시 빈 시민들과 언론에서 일제히 혹평을 했고 심지어 경찰청까지 건축가가 불려갔다. 당시 사람들은 상상 못할 만큼 시대를 뛰어넘는 심플한 건축 양식 탓이었다. 당시 로스의 모던한 건축 양식은 빈의 전통에 반역하는 의미로 받아들여졌는데, 결국 창문틀에 화분을 장식하는 것으로 타협했다고 한다. 하지만 '장식은 범죄'라는 건축가의 뚝심은 이후로도 지속됐다.

슈테판대성당으로 가는 길에는 16세기 무려 10만 명의 목숨을 앗아간 흑사병 희생자들을 위로하기 위해 1693년 레오폴트 1세가 세운 삼위일체 탑이 보였다. 프라하와 부다페스트에도 같은 탑이 있으니 당시 흑사병이 유럽을 휩쓸었다는 말이 실감났다. 슈테판대성당은 1782년 모차르트의 결혼식이, 1791년 모차르트의 장례식이 치러진 곳이었다. 슈테판대성당 뒷편에는 모차르트가 《피가로의 결혼》,《돈 조반니》를 작곡하기 위해 머물렀던 피가로하우스Higarohaus가 있었다. 모차르트는 이곳에서 1784년부터 1787년까지 살았는데, 16살의 베토벤을 만나게 되는 운명의 장소라고 했다. 당시 어린 베토벤을 바라보던 모차르트의 마음은 어땠을까? 이곳을 중심으로 중고품 상점 거리가 이어지는데 고풍스러운 물품들을 구경하는 재미가 쏠쏠했다.

음악 교과서에서나 봤던 모차르트, 베토벤, 슈베르트를 모두 접할 수 있다는 말에 선뜻 빈 중앙묘지Zentralfriedhof로 이동했다. 중앙묘지로 들어서 32A 구역으로 가니 모차르트의 묘를 중심으로 베토벤과 슈베르트의 묘가 좌우로 위치하고 있었다. 안타까운 사실은 모차르트의 묘는 가묘라는 것. 모차르트의 시신을 찾을 수 없었기에 쓸쓸히 가짜 묘를 만들어놓고 추모할 수밖에 없는 안타까운 현실이었다. 주변을 돌아보니 요한 스트라우스, 브람스 등 이름만 들어도 알 수 있는 음악가들이 잠든 자리도 눈에 띄었다. 중앙묘지에는 무려 35만 명의 영혼이 잠들어있었다. 워낙 유명한 정치인과 예술가들이 많이 잠들어있다 보니 이곳에 안장되기를 희망하는 사람도 많다고 했다. 묘지도 관광자원이 되었다는 사실이 묘하게 느껴졌다. 고요한 적막이 돌고 오로지 하늘을 오가는 비행기 엔진소리만이 가끔씩 들리는 오후였다.

빈 중앙묘지 32A 구역

모차르트의 K.622 악보라도 아는 듯
클라리넷 선율처럼 깡총깡총
거리를 누비는 종달새

베토벤의 6번 교향곡을 연주라도 하듯
짧게 또는 길게 늘어지며 붉게 물든
35번째 눈물나게 뜨고 지는 아름다운 노을

자신의 집도, 피아노도 없이
미완성 교향곡으로 31번째 마지막 삶이지만
자유로운 송어를 연주하던 슈베르트

빈 중앙묘지 32A 구역에는
모차르트, 베토벤, 슈베르트가 나란히
터질 듯한 적막 속에
저만의 연주를 그치지 않고 있다

중앙묘지를 설계한 칼 뤼거 빈 시장을 기리기 위해 만든 칼 뤼거 성당

모차르트가 잠든 곳

빈의 중앙묘지 32A 구역에는 모차르트, 베토벤, 슈베르트를 포함해 35만 명의 예술가와 정치인들이 잠들어있다. 아직 진짜 시신을 찾지 못한 모차르트의 가묘는 보는 이로 하여금 숙연하게 한다. 이 때문인지 적막감이 드는 이곳은 죽음이 도열한 거대한 도시나 다름없다.

일본

아사히카와Asahikawa

그리움이 사무치는

많은 곳을 여행했지만 아사히카와처럼 돌아온 뒤에도 미련이 남는 경우는 드물었다. 무언가를 두고 온 듯 자꾸만 뒤돌아보게 만들던 그곳에 두고 온 진한 아쉬움을 이야기하려 한다.

1년에 143.8일 동안 눈이 내린다는 도시 아사히카와. 예부터 아사히카와는 겨울이 매섭게 춥고 길어서 생활하기에 좋지 않은 환경이었지만, 사람들은 아름다운 대자연에 숙연해지고 마음을 잡으며 살아왔다고 했다. 소설 96편을 남기고 1999년 세상을 떠난 미우라 아야코가 쓴 《빙점》의 무대가 됐으니 이는 우연만은 아니었을 것이다. 실제 첫인상도 크게 다르지 않았다. 내가 아사히카와에 도착한 날의 기온은 영하 18도였다. 그리고 눈앞에는 시력을 앗아갈까봐 두려울 정도로 눈부시게 희고 아름다운 설국이 펼쳐졌다.

눈의 미술관雪の美術館을 들렀을 때 심장박동 소리는 더욱 커졌다. 유럽의 어느 성을 방문하는 듯한 고풍스러운 비잔틴 건축 양식으로 지어진 미술관은 쌓인 눈과 함께 외관부터 감탄을 자아냈다. 지하 18m까지 내려가는 나선형 계단을 따라 내려가니 거대한 얼음 기둥이 나타났다. 영하

169

20도의 기온을 유지하면서 지속적으로 물을 떨어뜨려 자연스레 기둥을 형성하고 있었다. 얼음 기둥을 지나면 '눈의 음악당'이 보였다. 200개 객석과 그랜드 피아노가 놓여있는 무대는 연주회는 물론 강연과 결혼식장으로도 활용되는데 천장에 화가 7명이 2만 8000호의 캔버스에 유채화로 그린 〈북의 하늘〉이 장엄하게 펼쳐져 있었다. 홋카이도대학 저온과학연구소의 교수가 20년 동안 연구한 눈의 결정체를 모아둔 전시관도 인상적이었는데, 사람의 세포만큼이나 각기 다르고 독특한 형태를 갖는 눈의 결정만큼이나 아사히카와를 사랑한다는 이유만으로 거액의 사비를 들여 연구한 학자의 전념이 강추위에 얼어붙은 마음을 뜨겁게 데우기 시작했다.

겨울의 아사히카와는 오후 4시가 되면 어두워지기 시작했다. 물론 밤이 길다는 것이 속상한 일만은 아니었다. 숙소인 센료우엔扇松園 료칸에서 만난 사람들 덕분이었다. 료칸 사장의 아들 내외와 우연한 만남에서 비롯되었다. 은은한 조명이 비치는 아담한 정원의 눈밭을 바라보며 식사하는 것만으로도 충분히 낭만적이라 생각했건만 한 여인이 피아노를 연주하며 노래하기 시작했다. 인연을 그리워하는 사랑 노래가 깊은 밤 내리는 눈과 함께 쌓여가니 아사히카와가 특별해지기 시작했다. 피아노를 연주하며 노래하던 여인이 료칸 주인의 며느리라는 사실은 나중에 알았다. 아들 내외는 내게 메밀 생산량 1위를 차지하는 이 지역에서 만든 메밀 맥주를 권했다. 메밀 맥주는 이 료칸에서만 주문 생산하고 있었는데 맛의 풍미는 하얀 눈을 맞고 있는 아사히카와의 맑은 자연이 시원하고 깔끔한 목 넘김으로 각인됐다. 정말 잊을 수 없는 맛이었다. 그 밤은 따뜻했고, 몽환적이었다. 서울로 돌아오는 공항에서 자꾸만 목이 말랐다. 그 밤 마셨던 메밀 맥주의 깔끔한 맛과 목소리 좋은 료칸 며느리의 피아노 선율이 자꾸만 소매를 잡아당기는 것 같았다.

눈으로 뒤덮인 아사히카와 시내.
좌측으로 아시히바시 철제형 교각이 보인다.

아사히카와는 춥다

홋카이도에서 삿포로에 이어 두 번째로 큰 도시다. 홋카이도 중심부에 위치하며 이시카리 강이 시내를 관통해 흐르고 있다. 강 위로 1932년에 만들어진 아사히바시旭橋 철제 아치형 교각이 놓여 있다. 겨울은 홋카이도에서도 춥기로 유명하며 1902년 1월 25일 일본 기상 관측 사상 최저 기온인 영하 41도를 기록하기도 했다.

아사히카와 라멘 빌리지 Asahikawa Ramen Village

홋카이도 하면 라멘의 본고장! 특히 쇼유라멘(간장)과 시오라멘(소금)이 대표 메뉴인데 내 입맛에는 꼬들꼬들한 면발과 돼지 뼈에 멸치와 같은 해산물 국물을 가미한 쇼유라멘이 압도적이었다. 라멘 빌리지 안에는 점포 8곳이 각기 자신 있는 라멘을 내세우며 영업하고 있다. 역시 라멘은 추운 겨울에 제 맛이다. 깊은 국물과 쫄깃한 면의 조합은 가히 환상적이다. 후후 불어가며 한 그릇 들이키고 나면 추위도 피로도 가실 것이다.

그리움이 사무치는

감정이 얼어붙는다면
믿을까
사람이 얼어붙는 온도라는
빙점의 고향

영하 41도의 기억은 척박한 거친 삶
생존을 위해 얼어가는
사랑, 미움, 화해, 용서의 발자국을
길게 바라보는 요꼬의 흔들리는 눈망울

움츠리고 가슴은 땅으로
향하는 경외의 땅
그리움이
외로움이 사무치는
아사히카와

아사히카와에서 영하 41도를 기념해 만든 과자.

아사히카와의 깊은 밤

'사무이(춥다)'라는 말보다 '이타이(뼈가 아픈)'라는 말이 어울리는 아사히카와의 추위는 맹렬하다. 홋카이도 산게를 푹 담근 나베 요리에 따끈한 정종만이 그 추위의 내상을 치유할 수 있을 듯했다. 삶을 영위할 수 없는 척박한 자연과 함께 살다보니 이곳 사람들의 정서에는 문학의 정서가 깊다. 타고난 운명 그리고 거역할 수 없는 현실의 아픔, 故미우라 아야코 여사의 소설 《빙점》이 깊이 각인된 아사히카와. 누구든 이곳에 오면 소설가나 시인이 된다.

슬로베니아

피란Piran

아드리아 해의 어부

피란을 만나지 않았더라면 나는 슬로베니아를 제대로 기억하지 못했을지 모른다. 아드리아 해를 마주하고 있는 작은 어촌 마을은 정말 사랑스럽게 다가왔다. 피란에 도착하자마자 소풍 온 아이처럼 깡총깡총 뛰고 싶었다. 옹기종기 모여 늘어선 15세기 베네치아 고딕 양식의 붉은 지붕 주택과 좁은 거리들, 트리에스테Trieste 만의 아름다운 경관을 볼 수 있는 언덕 위 성당… 가이드북에 적힌 도시 소개는 짤막했지만 그것이 피란의 전부는 아니었다. 크로아티아의 남쪽, 이탈리아의 북쪽과 접하고 있는 이 작은 해안도시는 크로아티아와 이탈리아의 아름다운 점만 골고루 흡수한 공간 같았다.

어촌 마을답게 주민들이 낚시하는 모습을 심심찮게 볼 수 있었는데 붉게 물든 노을이 질 때까지도 낚시에 여념 없는 사람들의 모습은 인상파 화가의 풍경화처럼 다가왔다. '그림 같다'는 표현은 이럴 때 쓰라고 있는 문장일 것이다. 자연스러운 삶의 여유와 안식이 주는 주민들의 모습을 보니 절로 부러운 마음이 들었다.

보통 크로아티아로 가기 위해 잠시 들르는 곳으로 하루 정도 머물다가 가는데 피란의 아름다움을 온전히 느끼기엔 충분한 시간이 아니었다.

179

나는 발걸음을 재촉하며 성 게오르기우스 성당과 타르티니 광장을 둘러보고, 언덕 위 성조지대성당에 올라 그 종탑을 살폈다. 아드리아 해의 붉게 물들어가는 일몰을 보는 것만으로 가슴 벅찼다. 잠들기 아쉬워 어둠이 짙게 깔린 피란을 걷고 또 걸었다.

아드리아 해의 어부

낯선 곳에서의 어색한 뒤척거림이
안쓰러웠던 듯 같이 밤샜는지
시뻘겋게 충혈된 아드리아 해의 아침 해가
잠을 깨워준다
오지랖 넓다 애써 타박하지만
그 마음 고마워
같이 벌건 아침을 온몸으로 맞는다

진한 커피 한 잔에
신선한 생선 비늘 냄새가
어부들의 부지런한 손놀림의 속도에 따라
하얀 접시 위에서 왈츠를 춘다
이렇게 바다를 가까이 둔 적이 있던가
이방인은 절로 아드리아 해의 어부가 된다

하늘과 땅과 그리고 바다는
자연적인 구분일 뿐
피란에서는 하나다
내가 바다를 훔치고
하늘을 날고
땅을 딛는
순간순간이
노곤한 여행의 휴식

피란에서 할 일은
그저 두 팔 벌리고
일출과 일몰을 맞이하는 것
그것은 즐거운 사명이다

피란의 붉은색 지붕

피란은 슬로베니아의 남서쪽에 있는 마을로 아드리아 해와 접한 피란 만에 위치해 있다. 이탈리아와 크로아티아가 인접해 있어 비슷한 문화를 공유하고 있다. 작곡가이자 바이올리스트인 주세페 타르티니의 출생지로 그의 동상이 세워진 광장을 타르티니 광장이라 부른다. 빽빽한 15세기 베네치아 고딕 양식의 건축과 그 좁은 골목 사이를 걷는 즐거움이 행복하다. 성조지대성당이 있는 언덕으로 올라 바라보는 피란의 경관은 붉은색 지붕과 파란색 하늘과 함께 떠나고 싶지 않다는 생각을 절로 들게 한다.

베트남

호이안Hoi An

아오자이의 희망

다낭에서 1시간 30분 거리에 있는 호이안은 낮과 밤의 극명한 매력을 보이는 곳이다. 익숙하면서도 낯선 거리의 매력은 자꾸 뒤를 돌아보게 만드는 곳. 나는 호이안의 올드타운으로 접근하기 좋은 위치에 숙소를 잡았다. 호이안은 과거 무역항으로 역할을 하던 곳으로, 투본 강Thu Bon River을 따라 이어진 전통가옥들과 상점들이 과거의 모습 그대로 남아있다. 과거 중국인들과 일본인들이 모여 살던 까닭에 두 나라의 문화와 베트남의 문화가 공존하고 있는 것을 금세 알 수 있다. 호이안의 거리에는 관광객을 위한 인력거와 각종 옷, 신발, 그림, 액세서리 등을 파는 상점이 즐비한데, 강가를 따라 형성된 메인로드를 따라 내원교Japanese Bridge, 쩐가사당Nha Co Phung Hung, 중국인을 위한 집회소로 사용되던 광조회관Chua Quang Dong, 바다의 신 티엔허우가 모셔진 복건회관Chua Phuc Kien, 배에 사용되는 땔감을 팔던 전통시장 파이어 우드 마켓 등을 둘러보는 것이 보통의 투어 형태였다.

하지만 이번에는 지난번 여행 때 체험하지 못한 다른 여정을 걸어보기로 했다. 나는 우선 현지 보트에 올라 워터코코넛 농장Water Coconut Farm이 위치한 섬 인근 마을과 그물을 쳐놓은 현지인들의 조업장을 둘러보는 보트 투어를 신청했다. 특별한 풍경은 아니었지만 호젓하게 보트를 타고 있자니, 지친 몸과 마음이 치유되는 것 같았다. 뒤를 돌아보니 배의 조타기를 다루는 베트남 아주머니도 꿀맛 같은 휴식을 취하고 있었다. 하루 온종일, 관광객들과 씨름하며 지칠 만큼 지친 아주머니도 배를 운전하는 동안만큼은 재충전을 하는 듯한 모습에 내심 기분이 좋아졌다. 한 시간 남짓 우리 돈으로 5000원이 안 되는 돈을 내고 투본 강 투어를 마쳤다.

다음엔 호이안 올드타운을 인력거를 타고 둘러보기로 했다. 해질 무렵 거리는 새로운 옷으로 갈아입고 있었다. 하나둘 등불이 밝혀지면 진정한 호이안의 아름다움이 찾아온다. 예전 그대로의 방식으로 전기가 아닌 촛불을 이용하는 등불이라 더욱 더 로맨틱했다. 컬러풀한 등불이 올드타운을 밝히면 거리의 레스토랑은 여행자들로 가득해졌다. 그런데 풍경보다 인상적인 것은 한 켠에서 웃음꽃을 피우던 학생들이었다. 하얀색 아오자이를 입은 고등학생들이었다. 베트남에서 순백 아오자이는 고등학생 시절에만 입는 것으로 학생에서 성인으로 성장하고 있다는 사실을 의미한다고 했다. 졸업과 동시에 다양한 컬러의 옷을 입을 수 있었다. 학생 시절에만 교복처럼 입는 흰색 아오자이가 이방인의 눈에는 그저 순수하고 낭만적으로 보였다.

아오자이의 희망

달이 밤을 밝히기 전
발그레 달아오른 등불을 든
아오자이 소녀가
쩐푸거리를 거닌다

달구어진 한낮의 열기를
견뎌내고 손님의 자리에 앉아
넘실넘실대는 오색 등불에
휴식 한대 피워대는 인력거꾼

길게 뻗은 투본 강변에
뒤늦게 내려앉은 달
소녀들이 조각조각
희망 담아 내놓고

놓칠세라 건네받은
이방인들이
기다란 장대를 휘이휘이 저어
하늘로 희망을 띄워 보낸다

호이안의 밤에는
낯설지만 익숙한 희망이 공존한다

호이안의 밤
호이안은 밤이 더 아름다운 곳이다. 투본 강을 따라 상점마다 형형색색 등불이 켜지면서 과거로 타임슬립한 듯한 묘한 경험을 선사한다. 16세기 중반 이후 호이안은 인도와 일본, 중국, 포르투갈 등을 연결하는 무역도시였고, 현재도 당시 모습이 고스란히 보존돼 있어 올드타운 전체가 유네스코 세계문화유산으로 등재되어 있다.

스위스

리더알프Riederalp

콜레라

삶과 죽음의 순간을 잠깐 경험했던 리더알프를 나는 잊을 수 없다. 스위스 현지인들도 그렇게 눈이 많이 내린 적이 드물다고 할 만큼 엄청난 폭설이 내리던 날이었다. 그 탓에 유네스코 세계문화유산인 알레치 빙하Aletsch Glacier는 제대로 보지도 못하고 두꺼운 폭설 외투를 입은 겉모습만 훑어봐야 했다. 게다가 허리까지 잠기는 눈을 헤치고 산을 내려오는 고된 훈련까지 해야 했으니 잊을 수 없는 하루였다.

스위스에서 마터호른에 이어 가장 기억에 남는 곳이 알레치 빙하와 알레치 숲 끝자락에 위치한 작은 마을 리더알프Riederalp였다. 리더알프는 뫼렐Morel에서 케이블카로 올라갈 수 있는데 알프스의 4000m급 봉우리가 에워싸고 있는 급경사에 위치한 마을이라 계곡이 파노라마처럼 펼쳐지는 곳이었다. 원래 계획은 알레치 빙하 일대를 하이킹하는 것이었지만 눈이 끝도 없이 오니 포기할 수밖에 없었다. 낙엽송과 소나무 숲이 끝없이 이어진 자연보호지구 알레치 숲에서 희귀 동식물의 생태계도 관찰하고 싶었으나 역시 폭설 탓에 차량 진입조차 금지되어 버렸다. 스위스의 날씨는 끝내 도와주지 않았다. 사실 호텔까지 캐리어를 끌고 가기조차 힘들 정도로 눈이 쌓여 애를 먹었다.

이튿날 여전히 앞이 보이지 않을 정도로 내리는 눈 때문에 일정을 중단하자는 의견도 나왔지만 결국 가이드와 함께 강행하기로 했다. 제아무리 여행잡지 편집장이라 해도 스위스에 자주 올 수 있는 것은 아니니 어쩔 수 없었다. 나는 알레치 하이킹을 위해 리프트를 타고 산으로 올라갔다. 그런데 리프트에서 내리는 순간 눈 때문에 길이 보이지 않았다. 강풍까지 부는 상황에다 추위도 견디기 힘들었다. 일단 가이드를 따라 올라가보지만 도저히 정상적인 하이킹은 불가능하다는 판단을 내리고 말았다. 그대로 좌식 리프트를 타고 다시 내려가는 것은 아쉬운 상황인 만큼 결국 나는 현지 가이드를 앞세워 걸어 내려가자는 제의를 했다. 눈 덮인 알레치 하이킹을 잠깐이나마 맛보는 것으로 아쉬움을 달래고 싶었다. 길도 보이지 않는 상황이라 두려웠지만 든든한 가이드를 믿기로 했다. 가이드가 앞장서면서 길을 만들어주며 내려가기 시작했다. 키 큰 스위스인 가이드에게는 무릎 높이였지만 내게는 허벅지까지 차는 눈밭을 헤치고 내려오는 길은 여간 힘든 일이 아니었다. 그러나 온 세상이 하얗게 눈에 잠긴 알레치의 숲 절경 속으로 빠져들다 보니 두려웠던 감정은 눈 녹듯 사라지는 것이 아닌가!

눈밭에 쓰러지고 뒹굴기를 반복하면서 1시간여를 내려오니 마침내 리더푸어카Riederfurka 산장이 나타났다. 이 산장은 알레치 숲 문턱에 위치해 기막힌 절경을 자랑하는 곳이었다. 특히 눈을 헤치고 내려오느라 허기에 지친 내게 최고의 음식을 선물했다. 산장의 대표 메뉴인 콜레라_{Cholera}였다. 이름만 들으면 꺼려지지만 그 맛은 정말 기가 막혔다. 파이 종류인 콜레라는 콜레라가 기승을 부리던 1830년 병에 전염될까 걱정하던 사람들이 집에서 나오기가 힘들었던 당시에 집에서 요리해서 먹던 음식이었다. 병에 전염될까봐 음식 재료를 교역하는 것이 금지됐기 때문에 주변에서 나는 재료만 이용해 단순하게 조리해서 먹었던 파이 종류로 사과와 배, 감자, 베이컨, 양파, 라클렛 치즈를 넣어 만든 페스트리였다. 어느덧 발레 주의 대표 음식으로 사랑받고 있었다. 콜레라를 먹고 나니 힘이 났다.

콜레라

눈에 잠기면
희망마저 얼어붙는
구름 위의 마을
그저 서로
희미하게 켜진 불빛만으로
살아있음을 안도했다

하나하나 절망을 풀어가며
층층이 쌓아 올려 만들어낸
콜레라는 살얼음 같은 목숨을
단단한 희망으로 키워냈다

이제 리더알프는
혹독한 추위를 즐기며
하늘의 별보다 아름답게 빛나는
구름 위의 동화 마을이며
콜레라는 뜨거운 삶의 상징이다

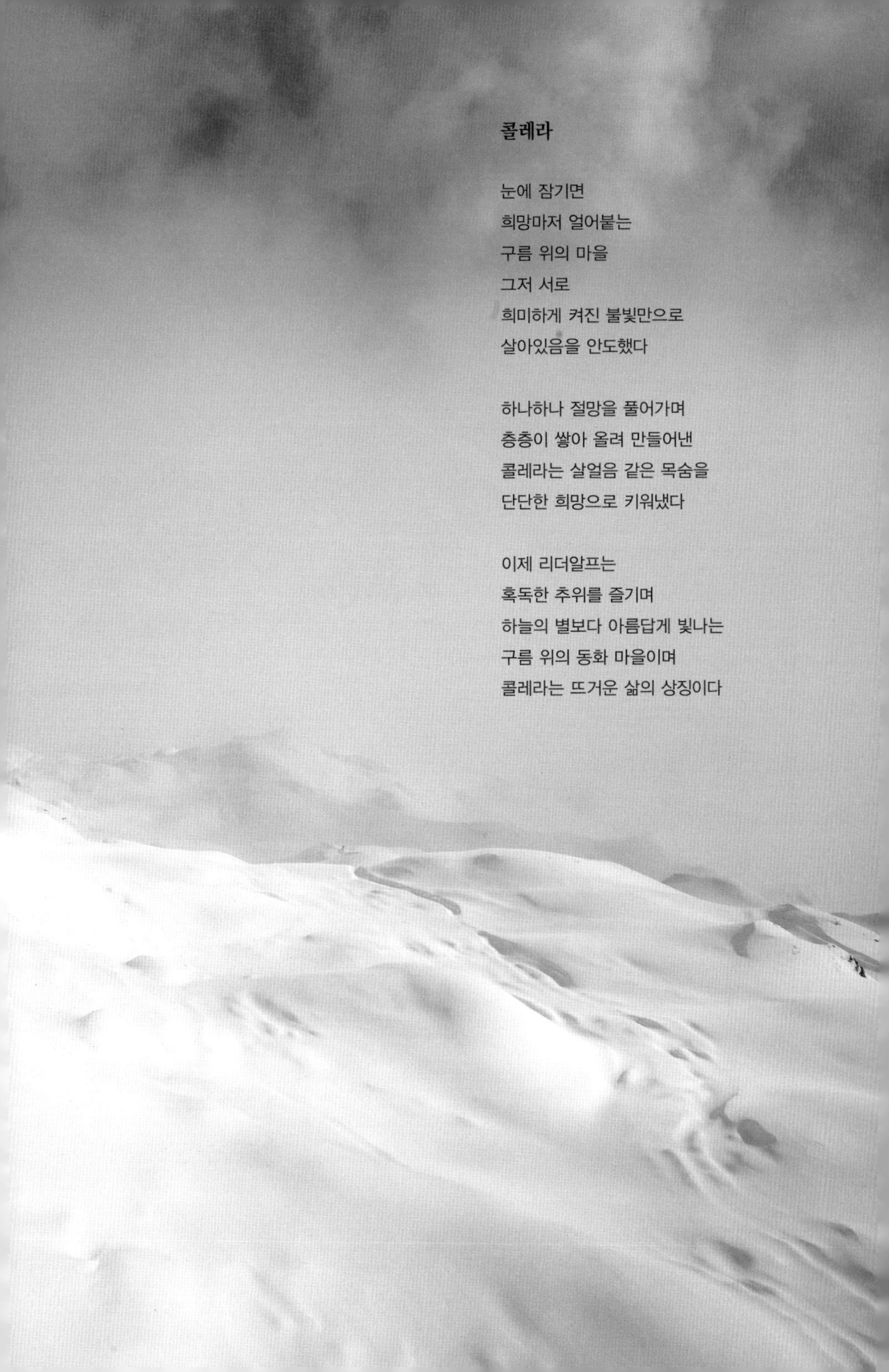

알레치 빙하를 보기 위해서는 리더알프에 투숙해야 한다.
10월에 때 아닌 폭설이 내려 설원에서 고군분투하는 일이 생길 정도로 날씨가 변화무쌍하다.

리더알프의 콜레라

스위스 취리히에서 남쪽으로 약 180㎞ 떨어진 리더알프
는 해발 1925m에 자리한 마을이다. 유럽 최장의 알레치
빙하를 가장 가까이 볼 수 있는 곳. 하지만 1882~1896
년까지 총 다섯 차례에 걸쳐 콜레라가 유행하면서 식재
료 교역이 금지돼 절망적인 기아에 고통받아야 했다. 아
이러니하게도 콜레라Cholera라고 명명된 음식으로 그
위기에서 벗어난다. 콜레라는 교역 금지 때문에 주변에
서 쉽게 구할 수 있는 사과, 배, 감자, 베이컨, 양파, 라클
렛 치즈를 층층이 쌓아올린 페스트리 음식으로 이제는
인근 지역을 대표하는 음식이 되었다.

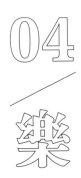

04

樂

길을 떠나온 이유

이유 없이 떠나온 줄 알았다.하지만 어느 골목에서 불현듯 알게 됐다.
내가 떠나왔던 이유를, 여행이 주는 진짜 즐거움!

호주

멜버른Melbourne

지친 여행자의 흥겨운 게으름

푹푹 찌던 여름날의 한국을 뒤로하고 지구 남반구의 시원한 호주를 만난다는 사실만으로 나는 상쾌한 휘파람을 내뱉었다. 더욱이 지구 사람들이 가장 살고 싶어하는 도시로 손꼽히는 멜버른이 아닌가. 지도도 필요 없다. 멜버른에 도착했다면 그냥 걸어보라고 말하고 싶다. 촘촘히 밀집해 있는 건물 사이로 트램이 눈에 띄면 곧장 올라타는 것도 좋다. 즐거움을 누리며 현재와 과거가 아름답게 공존하는 멜버른 시내를 걷는 것은 여행자에겐 더없는 축복이다. 페더레이션 광장Federation Square과 플린더스 스트리트 역Flinders Street Station을 중심으로 각 골목마다 숨겨진 예술에 가까운 즐거움을 찾는 일은 즐겁기만 했다. 야라 강Yara River을 따라 걷는 강변 산책은 즐거움의 완결판이라 해도 과언이 아니었다. 다채로운 미식까지 흡족스런 여행지가 멜버른이었다.

서울은 후텁지근하고 습한 장마철이었으니 나는 우리나라의 습한 여름에서 탈출하는 것만으로 기뻐하고 있었다. 멜버른 국제공항인 툴라마린 Tullamarine 공항을 나오는 순간 상쾌한 산소마스크를 착용한 듯 큰 호흡이 절로 터졌다. 5월부터 겨울에 접어든 멜버른이라지만 우리의 시원한 가을 날씨와 다름없었다. (물론 여름인 11월부터 3월까지는 우리나라 여름만큼 덥지만!) 멜버른 시내에 들어오면서 확인한 것은 역시 다인종 다문화의 도시라는 점이었다. 30년 전만해도 백인우월주의의 나라였다는 것이 믿기지 않을 만큼 중국과 베트남, 캄보디아 그리고 우리나라 등 다양한 국적의 동양인들이 넘쳐났다. 이 때문에 동양인 여행자에게 이질적인 느낌이 들지 않는 장점도 있었다. 오죽 하면 배낭 맨 서양인이 나에게 길을 물어보겠는가. 물론 나는 현지인처럼(?) 친절하게 길을 알려줬다.

호주 빅토리아_{Victoria} 주의 주도인 멜버른은 과거와 현재가 공존하는 도시였다. 고층빌딩과 옛 건축물들이 조화롭게 어울리고 있어 화려하다는 느낌이다. 1851년 빅토리아 주가 영국이 명명한 뉴사우스웨일스_{New South Wales} 주에서 분리된 후 금이 발견되자 금을 캐기 위해 중국인 노동자와 유럽 이주민들이 대거 멜버른으로 오게 됐다. 멜버른은 골드러시 당시 건축된 건물들을 훼손하지 않았고, 덕분에 21세기의 현대 건축물과 함께 지금까지 조화롭게 유지하고 있었다. 1927년 캔버라로 수도가 되기 이전까지 호주의 수도였으며, 현재는 인구 370만 명에 육박하는 대도시 멜버른은 200개 이상의 국가에서 이주해온 다양한 인종이 그들만의 문화를 서로 공유하며 조화롭게 살아가고 있었다. 굳이 차이나타운이 아니더라도 거리에 중국음식점과 일식당이 자주 눈에 띄었다.

대도시에 이르면 공해로 인해 숨쉬기가 불편해지는 것이 보통이지만 멜버른에서는 걱정할 일이 아니었다. 멜버른 시내를 촘촘하게 이어주는 총 250km 구간의 트램은 서울의 11배가 넘는 지역을 편안하게 이동할 수 있게 해주는데 공해와 무관한 무공해 교통수단이라는 사실이 인상적이다. 나는 멜버른 동쪽과 서쪽으로 쭉 뻗어있는 콜린 스트리트Collins ST로 나섰다. 골드러시 당시 돈을 번 사람들이 모두 콜린 스트리트로 모여들면서 자연스럽게 명품 거리가 형성됐다고 한다. 흔히 볼 수 있는 거리의 마차와 잘 어울리는 고풍스런 건축 양식과 현대 건축물이 잘 어우러진 스완스톤 스트리트Swanston ST와 드라마《미안하다, 사랑한다》에 등장해 '미사 거리'로 잘 알려진 호이저Hoiser 골목이 있는 러셀 스트리트Russel ST가 교차하고 있었다.

골드러시 시절 채광업자와 노동자들에 대해 영국이 가혹한 탄압을 하면서 태동한 유레카 혁명이 일어난 곳답게 멜버른 곳곳에는 광장이 많이 형성돼 있었다. 페더레이션 광장Federation Square이 대표적인 시민광장으로 플린더스 스트리트 역Flinders Street Station과 마주보고 있어서 멜버니언Melbournian들이 가장 많이 찾는 곳이라 했다. 따사로운 햇볕 아래 광장 계단에 앉아 커피 한 잔을 두고 책을 읽거나 노트북으로 인터넷 서핑을 (무료 와이파이가 제공된다) 하는 사람들 모습이 무척 평화로워 보였다. 이곳에서는 크고 작은 문화 공연이 펼쳐졌다. 메이저급 스포츠 경기가 열리는 날이면 우리가 시청 광장에 모여 열띤 응원을 하는 것처럼 이곳은 열광의 도가니에 빠진다. 특히 많은 사랑을 받는 럭비 경기가 열리는 날이면 밤새도록 대형 전광판 주변이 응원 열기로 후끈거릴 정도란다. 페더레이션 광장을 정면으로 좌측에 미래형 건물이 있는데 멜버른 방문자센터_{Melbourne Visitor Center}이므로 여행자라면 반드시 들러 방대한 자료를 섭렵하길 바란다. 여행지 정보는 물론 다채로운 투어 상품까지 예약할 수 있었다.

플린더스 스트리트 역_{Flinders Street Station}은 1854년에 세워진 멜버른 최초의 기차역답게 노란색의 고풍스러운 외관 탓에 마치 시간 여행을 떠날 수 있을 것 같은 착각까지 불러일으켰다. 이곳을 통해 멜버른의 시내와 시외를 오갈 수 있는데, 야라_{Yarra} 강변에서 바라보면 프린세스 다리_{Princess Bridge}의 운치 있는 풍경을 볼 수 있었다.

멜버른 중심지를 지나 남태평양으로 흐르는 야라 강은 영국 이주민들이 처음 정착하면서 야라 야라_{Yarra Yarra}라는(영원히 라는 뜻도 담겨 있다) 이름을 붙였다고 한다. 우리나라 한강처럼 멜버른 시내를 유유히 흐르면서 멜버른 사람들의 많은 사랑을 받고 있다. 열심히 훈련하는 카누, 카약 선수들이 보였다. 강을 중심으로 멜버른의 다양한 축제가 열리기도 했다. 멜버른 시내에서 과거와 현재의 촘촘한 시간 속으로 땀을 흘리며 걸었다면 야라 강변 벤치에 앉아 주변 풍경에 몸을 맡겨보길. 따뜻한 롱블랙_{Long Black} 한 잔을 마시며 갈매기의 재롱을 보는 재미도 쏠쏠하다. 저녁에 야라 강변을 산책하면 짧은 궤적을 그리며 지나는 기차의 뒷모습이 더욱 낭만적으로 느껴진다.

멜버른의 국민 교통, 트램

멜버른을 건강하게 만드는 가장 대표적인 교통수단 트램은 멜버른 시내에서 리치몬드, 세인트 킬다, 야라 남부 등 교외까지 연결돼 있어 여행자에게 무척 편리하다. 월요일부터 목요일까지는 오전 5시부터 자정까지, 금~토요일은 익일 오전 1시 30분까지 운행한다. 일요일에는 오전 7시~오후 11시까지 운행하며 주요 트램 역에서 버스, 기차와도 연계가 가능하다. 트램은 지도상 정류장으로 표시된 부분에서 트램 번호와 시간표를 확인한 후 탑승하면 된다. 트램 번호는 트램 앞부분에 표시되며 보통 길한가운데서 탑승하니 탑승할 때 주의해야 한다.

지친 여행자의 흥겨운 게으름

구름 아래로는 거대한 황무지 위
초라해 보이는 도시
하지만 도시에서 바라보는 하늘은
푸르다 못해 눈이 멀 지경이다

혈관처럼 도심 전체에 연결된 트램은
이토록 걷는 즐거움이며
골목마다 건물 벽에 드리워진 그래피티는
이토록 자유 정신의 도시 미학이다

걷고 보고 마시고 먹고 즐기는
즐거움은 멜버른 여행자의 권리
페더레이션 광장에서 부리는 여유로움은
지친 여행자의 흥겨운 게으름

긴 항해 끝에 도착한 영국인 이주민의
'야라 Yarra (영원히)'라는 간절한 소망
멜버른 지나 남태평양으로 흐르는
야라와 강 따라 따뜻한 롱블랙 한 잔과 함께
일상이 여행이다

멜버른이라는 여행 천국

도심 전체가 무공해 트램 전차로 꼼꼼하게 연결돼 있어 그 흔한 도시 매연에서 자유로운, 그야말로 공기청정 지역. 각 거리 별로 가까운 탓에 걷는 즐거움을 누릴 수 있다. 야라와 강변에서 즐기는 야경은 실패 없는 선택이 된다. 데이투어가 발달돼 있어 신청하면 여행사에서 픽업을 와 편리하게 인근 그레이트오션로드, 퍼핑빌리, 소버린 힐 등 지역 관광도 즐길 수 있다.

밤이 내린 야라와 강변은 순식간에 화려한 옷으로 갈아 입는다.

(위) 야라 강변은 산책하기에 더할 나위
없는 최적의 조건을 갖추고 있다.

(아래) 하늘에서 본 멜버른은 척박한 땅에
오아시스처럼 우뚝 서 있는 모습이다.

오스트리아

인스부르크Innsbruck

외딴 행성에서 노는 법

여행 기자를 업으로 삼다 보니 해외에서 취재가 원활하지 않은 날이면 숙소에 돌아와서도 편안히 잠을 청할 수 없다. 인스부르크에 닿은 날에도 괴팍한 날씨 탓에 예정했던 일정대로 취재를 할 수 없었다. 이미 해는 저물고 있었지만, 그대로 잠자리에 들었다간 악몽을 꿀 것 같았다. 나는 호텔에서 비교적 가까이 있는 노르트케테Nordkette로 오르기로 했다. 먼저 콩그레스Congress 역으로 향했다. 영화《스타트렉》에 나올 법한 유선형의 은색 건물이 한눈에 들어온다. 눈과 잘 어울리는 느낌이다. 이 건물은 우리나라 동대문역사문화공원을 설계하기도 했던 세계적 건축가 자하 하디드Zaha Hadid가 설계한 건물이다. 이곳에서 모노레일을 타면 종착역 홍거부르크Hungerburg까지 닿을 수 있다. 모노레일에 탑승하고 알펜 동물원Alpenzoo 역을 지나 홍거부르크에 하차한 후 바로 위쪽에 있는 케이블카로 갈아타고 제구르베Seegrube 전망대(1905m)로 올라갔다.

'노르트케테 프라이데이 나이트Nordkette Friday Night' 날이었다. 매주 금요일에만 열리는 이벤트로 케이블카도 저녁 11시 30분까지 운행하니 인스부르크의 야경을 감상하고 식사도 즐기고 싶은 연인들에게는 근사한 데이트 코스를 제공한다. 하지만 어찌겠는가. 유독 날씨가 좋지 않은 날이라 역시 전망대 주변에도 사람들이 많지 않았다. '불금'을 보내기엔 좀 을씨년스러웠지만 시야에 알프스의 전경과 시내가 한꺼번에 들어오니 수고가 아깝지 않았다. 머리 위로 노르트케테의 정상 하펠레카어 Hafelekar(2334m)가 보인다. 정상까지 운행하는 케이블카는 오후 5시까지만 움직이므로 나는 전망대에서 인스브루크 야경을 담는 것으로 만족해야 한다. 어둠이 내려앉은 알프스 전경과 반짝거리는 인스브루크 도심의 풍경은 눈이 부실 정도로 황홀했다. 삼각대에 카메라를 올려두고 열심히 셔터를 눌렀다. 모습을 드러내기 시작한 달과 함께 인스브루크의 금요일 밤이 점점 뜨거워지고 있었다.

저녁 10시가 다 되어서야 나는 마음에 차는 야경 사진 한 컷을 겨우 건질 수 있었다. 그런데 다시 케이블카를 타고 홍거부르크에 내려왔을 때 난감한 상황에 처하고 말았다. 인스부르크 시내로 돌아가는 모노레일이 운행을 끝낸 것이다. 야경과 사진 촬영에 정신이 팔려 시간 체크를 놓쳤던 것. 나는 그렇게 암흑 속에 덩그러니 내던져졌다. 그래도 야경을 카메라에 제대로 담았다는 흥분 덕이었는지 주변을 돌아보는 여유가 생겼다. 드문드문 이어지기는 했지만 역시 자정까지 운행하는 버스가 있었다. 그리고 이 예기치 않은 상황은 새로운 인연을 만드는 계기가 됐다. 야경 사진을 찍어대느라 저녁 식사도 못한 상태였는데 하필 버스가 내린 곳이 켄지Kenzi리는 한국음식점 부근이었다. 오징어볶음밥과 소불고기덮밥. 며칠 스위스에서 궂은 날씨를 견디며 고생했더니 입간판에 적힌 메뉴만 봐도 행복했다. 문을 열고 들어서자마자 다소 앳된 여직원이

"안녕하세요?"하고 먼저 인사를 건넸다. 그녀는 한국 유학생이었다. 한식과 함께 일본 음식도 판매하는 식당이었는데, 켄지라는 이름 때문에 일본음식점으로 더 알려져 한국인의 방문은 많지 않다고 했다. 다른 유럽 지역 한식당과 달리 김치 반찬을 기본 찬으로 내놓고 밥도 푸짐하게 담아주는 인심에 나는 감사했다. 혹시 인스부르크에서 취재할 만한 곳을 물었더니 직원은 정말 자기 일처럼 지도를 펴고 자신의 스마트폰으로 위치 정보까지 찾아 알려주었다. 나는 다음날에도 그곳에서 식사를 했다.

외딴 행성에서 노는 법

두 번의 동계올림픽이 아니더라도
여름은 트래킹, 겨울은 스키가 생활이라
심약하고 게으른 사람들에게는
낯선 행성
알프스에 어둠의 수위가 차오르면
프라이데이 나이트 축제가 열리니
서둘러 훙거부르크Hungerburg로 가
제그루베Seegrube로 오르라
구름이 펼쳐 놓은 레스토랑 식탁에 앉아
목까지 어둠이 차올랐을 때
블루다이아몬드가 흩뿌려진 성스러운 모험의 비상을 맞이하라
수만 년 알프스 산 중 가장 고고히
오랜 시간 지켜왔으니
누구든 축배를 들고 경배하고
신화를 즐겨라
자세히 들여다보면 자연을 이해할 수 있다는 아인슈타인마저도
거대한 행성의 풀지 못할 공식에
낮은 탄식을 내뱉었을 곳

인스부르크의 낭패

동계올림픽의 도시답게 인스부르크는 활력이 넘친다. 여름에는 트래킹을 즐기며 겨울에는 겨울 스포츠를 즐기는 사람들로 늘 도시는 북적인다. 인스부르크 시내를 가장 잘 보는 방법은 바로 매주 금요일 저녁에 펼쳐지는 노르트케테의 프라이데이 나이트를 즐기는 것. 그저 자연이 주는 밤의 인스부르크 전경을 보는 것만으로도 환상적이다. 단 내려가는 시간을 잊지 말 것. 야경에 취해 훙거부르크에서 내려가는 열차를 놓치는 바람에 트래킹을 하며 내려가는 낭패를 겪는 사람이 제법 많다. 물론 그 낭패마저도 행복한 인스부르크다.

인스부르크가 동계올림픽이 열린 곳이었음을 보여주는 스키 점프대가 보인다.

인스부르크 시내 중심가에는 한가로이 앉아 수다를 떠는 젊은이들로 가득하다.
뒤로 알프스 산이 보인다.

라오스

루앙프라방_{Luang Prabang}

꿈꾸는 여행

시내에 사원 33개가 흩어져 있는 불교 유적지이자 해발 900m에 자리한 고산 도시 루앙프라방. 원래 루앙프라방은 라오스의 왕족 마을이었는데 베트남전쟁 때 모두 피난을 떠났다가 최근 다시 돌아와 호텔과 카페 사업에 진출하는 등 관광산업에 적극적으로 투자하고 있다고 했다. 어느덧 연 365만 명의 관광객이 루앙프라방을 찾고 있었다. 과연 그 많은 여행자들은 무엇을 보고 돌아갔을까.

사실 루앙프라방에서는 자꾸 무엇을 봐야 하고 놓치면 안 된다는 조급함을 느낄 필요가 없다. 요란한 투어에 익숙한 관광객들도 결국 다 소용없다는 것을 느끼기까지 그리 많은 시간이 걸리지 않는다. 다른 여행지와 달리 사전 학습을 하지 않아도 되는 곳이며 곧 말수가 적어지고, 부드럽고 진지하며 기쁨이 넘치는 표정을 갖게 되는 곳이 바로 루앙프라방이기 때문이었다. 세상에서 가장 느긋한 사람들과의 만남을 통해 잠시나마 자신을 돌아보며 휴식의 참맛을 느끼게 되니 무릉도원이 바로 이곳이겠다.

그런데 루앙프라방을 오랜만에 다시 찾았더니 자연과 사원들은 그대로

지만 많은 것이 달라져 있었다. 루앙프라방 공항에 내려 숙소로 이동하며 바라본 도시 풍경은 여전했다. 당연하지 않은가. 도시 전체가 유네스코 세계문화유산으로 지정된 곳이니 말이다. 루앙프라방은 여전히 사방 어디를 둘러봐도 손대지 않은 빼어난 자연 경관과 소박한 삶의 모습을 간직하고 있어 문명에 익숙한 사람들에게 산소호흡기와 같은 청정에너지를 공급하기에 충분했다. 하지만 관광객이 급속도로 많아진 것 같았다. 조용한 시골 마을에 꽤 멋진 베이커리와 카페 거리도 들어섰다. 여행자 거리를 중심으로 아름다운 사원들도 다시 찾았지만, 어디나 여행자들로 북적거리는 탓에 나만의 안식을 찾기란 쉽지 않았다. 나는 털털거리는 스쿠터를 타고 외곽으로 나갔다.

루앙프라방에서 가장 번화한 여행자 거리에는 스쿠터를 빌려주는 곳이 꽤 많았다. 여권을 맡기고 스쿠터를 빌렸다. 헬멧을 쓰고 다시 한번 안전수칙을 읽은 뒤 나는 루앙프라방을 천천히 돌아보기로 했다. 패키지 여행을 하며 버스로 이동하면 쾌적한 이동을 즐길 수 있겠지만, 생생한 자연 정취를 놓치게 된다. 스쿠터는 천천히 여유롭게 구석구석을 돌아볼 수 있게 해주는 데다가 자기만의 핫스폿을 발견하는 기쁨도 만나게 해줬다.

나는 꽝시Kuang Si 폭포로 향하는 길로 들어섰다. 도로 곳곳에 가끔씩 파인 웅덩이가 있으니 조심해야 했다. 여행자 거리에서 20km 정도 떨어진 폭포까지 스쿠터로 달리다 목이 말라 강변 휴게실에 주차하고 시원한 커피 한잔을 들이켰다. 강 위로 유유자적 물고기를 잡는 어부의 평범한 모습조차 인상적이었다. 1시간 정도를 달리니 꽝시 폭포가 나왔다. 비키니를 입은 여인들이 겁 없이 물에 뛰어들고 있었다. 사슴 폭포라는 뜻의 꽝시 폭포가 유명한 이유는 석회암 성분이 만들어내는 에메랄드 빛 계단식 폭포 때문이었다. 패키지 상품에도 빠지지 않는 곳이지만 패키지 관광단은 잠시 둘러보고 떠가기 때문에 제대로 꽝시 폭포를 즐기지 못했다. 기왕 이곳에 왔다면 인증샷만 남길 것이 아니라 푸르게 빛나는 폭포 아래 발이라도 담가봐야 하지 않겠나.

나의 스쿠터는 방향을 바꿔 라오스의 수도 비엔티안으로 가는 국도로 들어섰다. 도로 곳곳이 여전히 파인 곳이 많아 긴장감을 늦추지 말아야 했지만 이내 눈에 들어오는 기암절벽과 산들을 보니 가슴이 벅차올랐다. 쉽게 볼 수 없는 국도변의 울창한 자연 환경이 감동과 함께 가슴으로 파고들었다. 그대로 비엔티안까지 내달릴까도 했지만 이틀은 족히 걸릴 거리에 기겁을 하고 나는 다시 방향을 되돌려 루앙프라방 시내로 향했다. 왔던 길로 되돌아가는 길이지만 여전히 새롭고 경이로웠다. 가다 쉬고 가다 쉬고 루앙프라방을 깊이 알고 싶다면 천천히 스쿠터로 돌아보기를 추천하겠다. 순수한 자연 풍경 속으로 내달리는 벅찬 순간은 오래도록 기억에서 사라지지 않았다.

꿈꾸는 여행

온 세상 꿈을 가득 품은
눈부신 동공 위로
따스한 봄볕이
영사기 슬라이드처럼
깜박깜박
꿈을 꾸게 한다

비포장도로 위 숨 가쁜 먼지
도깨비들의 잔치 같은
휘영청 루앙프라방의 야시장
다리 아파도 입은 행복한 거리 음식
별들이 내려다보는 하늘 아래의 야간 수영

꾸벅꾸벅 그래그래 하다가
덜커덩 비포장도로의 돌멩이에 깜짝 놀라
무슨 생각하냐며 타박하는
봄볕과 어색하게 마주한다

루앙프라방에서는 누구나 구도자

루앙프라방은 아무것도 없으면서 가득 차 있는 구도자의 공간이다. 새벽마다 신성한 탁발 의식에 참여하기 위해 여행자들도 줄을 선다. 사람들은 설레는 마음으로 기꺼이 자신의 것을 나눈다. 소유와 무소유의 심오한 차이를 누가 알려주지 않아도 깨닫게 되는 곳. 이곳에서는 무엇을 하려고 노력하지 않는 것이 좋다. 그저 주어지는 하늘과 강과 길 위에 몸을 맡기면 그만이다.

푸시 산에서 바라본 루앙프라방 시내(왼쪽 위), 메콩 강의 해질녘(왼쪽 아래). 탁발 공양을 위해 줄지어 선 젊은 승려들(위).

쿠바

암보스문도스Ambos Mundos 호텔

511호의 부나방

쿠바 아바나에서 나의 숙소는 암보스문도스 호텔이었다. 소박한 공항을 빠져나와 호텔에 도착하니 저녁 11시가 다 되어 있었다. 호텔이 자리하고 있는 메르카데레스Mercaderes 거리는 차량 진입이 허용되지 않아 호텔에서 마중 나온 직원들이 손수레를 끌고 나왔다. 직원들은 능숙하게 손수레에 짐을 싣고 울퉁불퉁한 길을 따라 호텔로 향했다. 쿠바의 숙소가 어니스트 헤밍웨이가 1932년에서 1939년까지 투숙하면서 《누구를 위하여 종은 울리나》를 집필했던 암도스문보스 호텔이라는 사실만으로도 나는 가슴이 뛰었고 쿠바에 온 것이 실감났다. 헤밍웨이가 지인들에게 글쓰기 좋은 방이라고 자랑했다고 하니 호텔에 대한 기대감도 컸다. 짐을 들고 주어진 객실로 올라가니 운좋게도 헤밍웨이가 머물었던 511호와 가까운 509호였다. 짐을 풀기도 전에 급한 마음에 괜히 511호실로 가봤다. 관람시간은 오후 5시 마감이라며 내일 아침에 오라고 적힌 안내 간판에서 헤밍웨이가 웃고 있었다.

나는 간편한 복장을 하고 호텔 밖으로 나왔다. 그런데 이상했다. 이 늦은 시간에도 호텔 주변에 사람들이 바글바글했던 것이다. 처음에는 여행객인 줄 알았는데 대부분 현지인들이었다. 이들의 정체가 무척 궁금했다. 혹시 헤밍웨이를 사랑해 저녁 늦은 시간까지 호텔 근방을 서성이는 것일까. 알고 보니 쿠바에 오면 가장 불편을 겪는 것이 인터넷 사용이었는데, 와이파이를 사용하기 위해 모여든 사람들이었다. 사회주의 국가이다 보니 국영통신사에서 판매하는 1시간 단위의 인터넷 카드를 구매해야 휴대폰으로 와이파이를 사용할 수 있었다. 그리고 대부분 큰 공원과 식당, 호텔에서만 와이파이가 제공되기 때문에 그 근방에서 접속하고 구매한 인터넷 카드 넘버를 입력해야 데이터를 쓸 수 있는 방식이었다. 밤늦게까지 호텔 주변에 있는 사람들에 대한 궁금증은 풀렸지만 왠지 섭섭했다. 그리고 내게도 인터넷 사용의 불편함이 더불어 시작됐다.

511호실에 그가 머물렀음을 다시 생각하며 잠시 눈을 감았다고 생각했는데 눈을 뜨니 어느새 아침이었다. 25시간의 비행이 꽤 고단했던 모양이다. 아침식사를 위해 호텔 루프톱 레스토랑으로 올라가니 올드 아바나 거리가 한눈에 보이는 멋진 전망이 펼쳐졌다. 맛도 괜찮은 조식 뷔페를 만나니 왜 이 호텔이 오늘날까지도 사랑받는지 알 것 같았다. 고된 비행에 지친 몸이지만 커피 한 모금을 마시니 풀리는 듯했다.

511호로 내려가니 안내원이 반가이 맞았다. 8년간 장기 투숙을 하며 글을 썼을 헤밍웨이의 손때 묻은 타자기가 방 한가운데 놓여 있었다. 작은 침대와 낚싯대, 《노인과 바다》의 배 모형도 보였다. 열심히 두리번거리며 방 안을 살폈다. 헤밍웨이의 친필 작품들은 대부분 미국 JFK박물관으로 옮겨졌다는 안내원의 말 속에 아쉬움이 느껴졌다. 아바나 시내를 본격적으로 둘러보기 위해 밖으로 나오니 여전히 와이파이를 잡아 쓰기 위해 몰려 있는 사람들로 호텔 주변은 북적거렸다.

암보스문도스의 부나방

헤밍웨이가 집을 갖기 전
7년 동안 머물던
암보스문도스 호텔의 밤
고개 숙인 사람들의 경건함이
부나방처럼 빛난다

뒤로 물러나보면
헤밍웨이를 위한 추모
가까이 다가서면
소식이 닿기를 간절히 바라는
사람들의 애절함

1시간마다 초기화되는 그리움은
대답 없는 헤밍웨이, 체 게바라일까
가냘프게 열리는
희망만이 그리움이다

아바나에서 인터넷을

쿠바를 처음 방문하는 이라면 호
텔마다 사람들이 몰려 있는 광경
을 보고 의아해 할 것이다. 그것은
와이파이가 터지는 곳이 호텔 또
는 광장에 국한돼 있기 때문에 늦
은 시간까지 인터넷을 사용하기 위
해 적지 않은 사람들이 1시간짜리
와이파이 사용권을 구입해 이용하
고 있는 풍경이다. 오랜 시간 폐쇄
적인 상태였던 사회주의 국가 쿠바
인지라 아직 세상을 향한 모든 것
이 제한적이다. 하지만 그 자체를
즐길 수 있는 여유로움만 챙긴다면
누구라도 쿠바의 즐거운 여행자가
될 수 있다.

프렌치 폴리네시아

타히티|Tahiti

바람이 먼저 닿는 곳

지도를 펼쳐보면 남태평양 하와이와 뉴질랜드의 접점에 작은 수천 개의 섬이 있다. 눈을 씻고 찾아보고 확대를 해야 나오는 섬이지만 두려움 없이 초라한 보트를 타고 세상을 향해 거침없이 나아갔던 탐험 정신의 항해사들이 사는 곳. 누구나 갈 수 있었다면 아무도 그 섬에 대해 경배하지 않았으리라. 눈에 잘 보이지 않지만 수천 개의 섬으로 이뤄진 폴리네시아 제도의 가장 아름다운 섬 타히티를 향하는 내 마음도 이미 항해사가 되어 있었다.

남태평양을 이해하기 위해서는 지리적 상황을 먼저 이해하고 넘어가야 한다. 남태평양은 1831년 프랑스 지리학자이자 탐험가인 쥘 뒤몽 뒤르빌Jules Dumont d'Urville이 태평양에 퍼져 있는 많은 섬을 인종과 문화에 따라 '검은 섬'들이라는 뜻을 가진 '멜라네시아Melanesia', '많은 섬들'이라는 뜻의 '폴리네시아Polynesia' 그리고 '작은 섬들'이라는 뜻의 '마이크로네시아Micronesia' 등 세 지역으로 구분했다. 멜라네시아에 속한 나라는 피지, 파푸아뉴기니, 솔로몬 군도, 바누아투, 뉴칼레도니아였고, 통가를 비롯해 쿡 제도, 사모아, 미국령 사모아, 프렌치 폴리네시아, 하와이 제도, 이스터 섬, 투발루 등이 폴리네시아에 속했다. 그리고 나우루, 마셜 군도, 마이크로네시아연방, 괌, 북마리아나 제도, 팔라우, 키리바시가 마이크로네시아를 구성했다. 폴리네시아를 중심으로 북쪽으로는 올라가면 하와이가 나오고 남쪽으로는 뉴질랜드, 동쪽으로는 이스터 섬까지 닿을 수 있다. 폴리네시아를 처음 발견한 사람은 마젤란이었다. 1521년 스페인 탐험가 마젤란이 폴리네시아를 발견한 이후 1595년에 탐험가 멘다냐가 솔로몬 군도를 향해 두 번째 항해를 하면서 말키저스 제도를 발견하게 된다. 하지만 원주민을 사살하는 등 불미스러운 일이 생기고, 1766년에야 영국인 월리스 함장이 타히티의 마타바이 만에 닻을 내리게 되면서 타히티는 세상에 모습을 드러내게 됐다.

현재 전 세계는 아시아, 유럽, 아프리카, 남미, 북미, 오세아니아 등 6개 대륙으로 나뉘어져 있지만 3억 년 전만 해도 모두 하나의 대륙으로 연결되었다고 한다. 이 대륙을 통해 밑으로 걸어 내려오던 사람들이 점점 지금의 대륙으로 나뉘지기 시작하던 기원전 3000년 전쯤에 타이완 섬으로 이주했고, 이 중 일부가 밑으로 떨어질지 모르는 수평선을 향해 거침없이 카누를 타고 항해하며 사모아와 통가로 정착했다고. 이를 시작으로 수천 개 섬이 있는 폴리네시아로 이주하면서 지금의 폴리네시안의 조상이 된 것이라고 한다. 타이완 원주민과 폴리네시안이 같은 오스트로네시아어족(동쪽은 이스터 섬에서 서쪽은 마다가스카르 섬까지. 북쪽은 하와이 제도에서 남쪽은 뉴질랜드 섬에 이르는 남태평양의 많은 지역에서 사용되는 여러 언어를 통틀어 이르는 말)에 속하는 언어를 쓰며, 타이완에 오스트로네시아어족에 속하는 모든 어군들이 존재하고 있다는 사실이 그 중요한 증거라고 학자들은 강조하고 있다. 폴리네시아인들은 작지만 아주 안정적인 구조의 보트를 타고 별다른 항해 도구 없이 바다의 흐름을 읽으며 태평양의 광활한 해역의 여러 섬으로 정착할 수 있었다. 이들의 항해술은 매우 뛰어나 바다에 손을 담그는 것만으로도 수평선 너머 섬의 방위와 거리를 계산할 수 있었다. 심지어 항해사는 대략 300km 거리에서 물결의 흐름만으로 섬의 위치를 파악할 수 있었다고 하니 폴리네시안을 항해사로 부르는 이유를 알 것 같았다.

폴리네시아는 118개의 환초와 섬으로 구성되어 있으며, 이 섬들은 투아모투Tuamotu Island, 소시에테Societe Island, 오스트랄Austral Island, 말키저스Marquesas Island, 갬비어Gambier Island 등의 5개 제도로 구성되어 있었다. 이 다섯 개 제도가 차지하는 바다의 면적이 서유럽 전체 육지 면적보다 넓다는 사실이 실로 놀라웠다. 이 제도 중 소시에테 제도에 프렌치 폴리네시아를 대표하는 타히티와 모레아, 보라보라 등의 섬들이 있다. 19세기까지 '타히티 왕국'처럼 각 제도마다 소왕국이 있었으나, 프랑스가 20세기 초까지 이들 제도들을 순차적으로 합병해 현재의 프랑스령 폴리네시아가 됐다. 프랑스인들의 휴양지로 개발되었기에 관광산업의 비중이 큰 것은 당연했다. 수도 파페에테Papeete가 있는 타히티 본섬을 비롯해 세계적 휴양지로 인기를 누리고 있는 보라보라, 영화 배경으로 잘 알려진 모레아, 세계적으로 다이버들이 가장 좋아하는 멋진 다이빙 포인트가 있는 랑기로와 등 타히티를 구성하는 섬들 전체가 관광산업이 잘 발달되어 있다.

우리나라에서는 최고의 허니문 여행지로 알려진 보라보라에는 럭셔리 리조트 그룹들이 대거 진출해 있어 멋진 자연과 함께 호사스런 휴식을 즐길 수 있었다. 주도인 타히티는 남태평양 크루즈의 주요 기항지이기도 해 크루즈 항구로 입항하는 대형 크루즈 선박을 심심찮게 볼 수 있었다.

무려 -19시간이라는 최장의 시차에 나는 어안이 벙벙해졌다. 내가 경험한 시차 중 최다 시차였고, 시차 때문에 한국과 단절되는 느낌을 받기도 했다. 타히티에서 시간이 지날수록 딸아이와 함께 봤던 애니메이션《모아나》가 자꾸 연상이 됐다. 거친 바다를 누비는 항해사로서, 세상을 향해 나아가던 탐험가로서 새로운 섬을 발견한 듯한 느낌이었다. 애니메이션의 주인공 모아나가 섬을 발견하고는 "이 아름다운 땅이여!"라고 외치던 모습이 떠올랐다. 생애 한 번 갈 수 있을지 모르는 꿈 같은 시간이 흘렀다. 아름다운 라군으로 둘러싸인 수상 방갈로는 때와 장소를 가리지 않고 아무 때나 스노클링을 즐길 수 있는 자유를 만끽하게 해줬다. 한낮의 뜨거운 햇볕을 만나고 어둠이 내리는 밤은 도저히 셀 수 없는 별들이 가까이 내려앉고 폴리네시아의 이야기를 조곤조곤 속삭였다. 아무것도 하지 않을 자유가 있지만, 이런 천국에서 아무것도 하지 않을 사람이 누가 있을까.

할리우드의 명배우 말론 브란도가 만
든 리조트 '더 브란도'는 타히티의 전
통 춤을 추며 투숙객을 환영한다.

바람을 먼저 맞는 곳

자신의 이야기가
거친 남태평양 한복판
작은 보트에서 끝날지 모르지만
강한 전사가 되기 위해
고통스럽게 새긴 문신이
숨을 토하며 거칠게 노를 젓는다

자신이 가는 곳이 길이며
세상을 그려가는 것이라 믿었던
폴리네시안은 항해사
갈 곳 몰라 헤매는 자여
탐험가의 정신을 기억하라
정착하지 못하는 자여
내 안식처를
그대의 안식처로 삼으라

바람을 먼저 맞으며
푸른 대양으로 향한
폴리네시안의 이야기가
강한 생명력이 각인된 코랄처럼
섬을 만들어간다

보라보라 선착장에서 바라본 오테마누 산.

타하티에 사는 사람들
작은 카누를 타고 바다로 나가 항로를 개척했던 폴리네시안의 위대한 도전 정신이 남
태평양의 폴리네시아를 만들었다. 폴리네시안은 별다른 항해 도구 없이 바다의 흐름
을 읽어 카누만으로 남태평양의 광활한 해역의 섬들을 발견하고 정착했다. 심지어 바
다에 손을 담그는 것만으로도 수평선 너머 섬의 방위와 거리를 계산할 수 있었다. 이
때문에 폴리네시안을 바다의 항해사라고 부른다.

노르웨이

알타Alta

알타에서 만난 소녀

"알타에는 한국 교포가 네 명 살고 있어요. 저하고 언니, 그리고 저희 보호자인 고모와 사업하시는 한 분. 이렇게요." 공항 게이트에서 만난 소녀의 이름은 김효정이었다. 대학 입학을 위해 알타에 온 지 2년이 넘었고, 1년 늦게 합류한 언니 소정과 함께 머나먼 이국 땅에서 꿈을 키워가고 있는 열혈 소녀들이었다. 소녀는 오랜만에 한국 사람을 만나서 기뻤는지 스스로 가이드를 자청했다. 떨어지는 낙엽만 봐도 웃을 것 같은 어린 소녀들이 알타에서 씩씩하게 생활하는 것을 보니 알타에 대한 호기심이 더욱 커졌다.

"그럼 저녁 같이 먹을까요?" 안쓰러우면서도 기특하기도 해서 저녁 식사라도 사고 싶었다. 놀란 토끼마냥 좋아하면서 사라지는 소녀를 뒤로 하고 예약해둔 알타의 숙소에 도착해 첫 일정으로 드디어 오로라 헌팅Northern Lights Hunt에 나섰다. 사실 알타는 오로라의 도시로 불릴 만큼 오로라의 마법을 관측할 수 있는 최고의 장소로 알려져 있었다. 차량을 타고 할데Haldde 산에 있는 오로라 전망대부터 가볼 계획이었다.

"오로라 도시로서 알타의 역사는 노르웨이의 유명한 물리학자 크리스티

앙 버클랜드Kristian Olaf Bernhard Birkeland가 1899년 알타의 할데 산에 오로라 전망대를 만들면서 시작됐습니다. 그는 극지 오로라 존 하나인 알타 지역의 안정적인 날씨가 오로라를 관측하는 데 최고의 장소라 판단해 관측소를 설치했죠. 하지만 오로라는 쉽게 찾을 수 없다는 것을 여러 번 경험을 통해 적절한 시기에 적절한 장소에 있어야 함을 알게 됐어요. 즉 전문적인 지식을 가진 현지 가이드가 필요한 것입니다. 가이드들은 오로라에 대한 신화부터 과학적인 지식까지 들려주고 최적의 장소로 안내하고 완벽한 사진 촬영하는 데까지 오로라를 볼 수 있도록 해줍니다. 전문가들이면 90% 정도 성공률로 웬만한 흐린 날씨에도 오로라를 찾아내죠. 다만 선명한 오로라가 아니면 상당히 집중을 해야 보이고, 어떤 경우는 카메라 속에서만 존재하기도 합니다. 이처럼 우리가 기대하는 선명한 오로라를 볼 기회는 솔직히 쉽지가 않습니다."

오로라 헌팅 가이드 제시의 말을 듣다 보니 기대감에 들뜨기 시작했다. "오로라 헌팅의 가장 중요한 요소가 바로 날씨입니다. 오로라 헌팅을 날씨 헌팅이라 부르기도 합니다. 맑은 하늘은 필수적으로 바람과 구름, 장소도 큰 영향을 미칩니다. 만일 오로라 헌팅이 어렵다면 좀 더 선명한 곳을 찾아 1~2시간 정도 달려 이동하게 됩니다. 그러나 더 좋은 기회를 잡기 위해, 맑은 하늘과 좋은 전망을 지역에 도달할 때까지 최신 오로라의 일기예보, 오로라에 대한 지식을 갖추고, 저희가 준비한 미니버스를 타고 여행을 떠나게 됩니다. 자, 이제 출발해볼까요?" 제시는 200km에 걸쳐 피요르 해안을 따라 오로라를 찾기 위해 이동할 것임을 예고했다.

혹한의 추위에 대비해 준비된 방한복과 방한용 부츠를 갖춰 입고 미니버스를 타고 어둠 속으로 향했다. 히터가 장착된 버스였지만 노르웨이의 겨울 저녁은 상상 이상으로 추웠다. 오로라 포인트에 도착해 버스에서 내려 10여 분만 야외에 있어도 엄청난 추위를 체감했다. 장갑을 벗고 사진 촬영을 하기도 힘들었다. 전문적인 투어에 참가했다고 해서 오로라를 반드시 볼 수 있는 것은 아니었다. 전문 가이드가 오로라 헌팅 확률을 높여주지만 반드시 보증을 해주지는 않는 것이다. 오로라를 보지 못했다고 해서 비싼 투어 비용(우리 돈으로 20만 원 정도)을 환불해주는 것도 아니므로 어느 순간부터 안절부절하는 나 자신을 발견하고 말았다. 우려는 현실로 돌아왔다. 세 곳의 헌팅 포인트를 저녁 7시부터 자정까지 돌아다녔지만 오로라 헌팅은 실패하고 말았다. 헌팅 비용이 만만치 않은 것도 있지만 추운 북극의 겨울밤에 3시간 이상 설원을 둘러보다 보니 육체적, 정신적으로 힘겨웠다. 결국 오로라와의 헌팅 확률을 높이는 방법은 여행 전에 미리 예약을 하기보다 현지에 도착해 날씨를 고려해 예약을 하는 것이 좋다는 사실을 깨달았다.

이튿날 나는 다이내믹한 개썰매로 지난 밤 실패한 오로라 헌팅의 아픔을 치유했다. 그리고 마침내 약속한 소녀들과의 저녁 식사 시간이 다가왔다. 레스토랑에서 순록 스테이크 정찬을 먹기로 했다. 삼촌을 만나러 온 듯한 소녀들과 즐거운 대화를 나누기 시작했다. "어머? 생각해보니 알타한인회의 반을 만나시는 거네요?" 듣고 보니 그랬다. 효정은 알타 지역에 대해 자랑하느라 여념이 없었다. "알타는 극지 여행자들에게 사랑받는 지역이에요. 그 이유는 핀마르크_{Finnmark}(노르웨이 북동부의 주. 남쪽은 핀란드와 접경으로 북극권 안의 넓은 지역) 지역의 관문 역할을 하기 때문이죠. 카라쇼크, 함메르페스트, 노르카프 같은 곳으로 여행하는 출발점이기도 해요. 유럽 최북단 노르카프와는 자동차로 2시간 반 정도 걸리죠. 알타는 해안 도시지만 피오르를 따라 내륙 깊숙이 들어온 지형으로 다른 북부 해안의 도시들보다 상대적으로 추워요. 겨울에는 온도가 영하 25도 아래로 내려가는 날이 빈번하거든요. 하지만 여름에는 거의 영상 25도까지 올라가요." 제지를 하지 않았으면 숨넘어갈 것 같았다. 한국말이 그리웠을까? 어쨌든 알뜰히 정보를 줘서 고맙기 그지없었다. 소녀의 웃음이 오로라처럼 번지던 밤이었다.

알타에서 만난 소녀

놀란 토끼마냥
눈을 동그랗게 뜬 소녀

낯섦이 거대한 알타에서
작은 소녀가 건네준 미소는
휴식이었다

드러내지 않는
노던라이트를 걱정하자
소녀의 토닥임이
북극성처럼 빛나기 시작했다

소녀의 웃음은 오로라처럼 퍼지고
내 마음에는
형광색의 깊은 커튼이 펼쳐졌다

알타에서 소녀를 만났다
꿈처럼

알타에 사는 한국인 소녀

"우와, 한국인이세요?" 노르웨이 핀마르크 주의 알타공항에 내렸을 때 전혀 생각지 못한 한국 소녀를 만났다. 늘 낯선 곳으로 여행하는 일상이지만 북극을 근접해서 볼 수 있는 노르드캅 Nordkapp 으로 가기 위해 들른 알타에서 그것도 어린 소녀가 먼저 말을 걸어오다니! 낯설면서도 신기했다. 한국인은 단 4명이 살고 있는 알타에서 언니와 함께 산다던 귀여운 소녀. 짧은 만남이었지만 눈과 얼음의 도시 알타에서 소녀가 건네준 미소는 오로라처럼 내 마음에 퍼져나갔다.

핀란드

헬싱키|Helsinki

사치에의 브로콜리 수프

항공편 문제로 헬싱키에서 1박을 해야 했다. 다른 목적지로 가기 위해 경유지를 거치는 경우 대부분은 그저 쉬는 것이 보통이었다. 하지만 헬싱키에서는 휴식과 충전의 방식을 달리하고 싶었다. 반나절도 채 되지 않는 체류 시간이 주어졌으니 12시 종이 울리기 전에 돌아가야 하는 신데렐라처럼 나는 마음이 다급해졌다. 많은 곳을 둘러볼 수 없으니 선택과 집중이 필요했다. 빛바랜 사진 같은 영화《카모메 식당》이 떠올랐다.

문득 "세상 어디를 가도 슬픈 사람은 슬프고, 외로운 사람은 외로운 법이잖아요"라고 말하던 사치에 상의 목소리가 들리는 것 같았다.

오래 전 무료함에 시달리던 나는 우연히 영화《카모메 식당》을 보고 무료함과 외로움 그리고 그리움에 대해 곰곰이 생각했던 적이 있었다. 그리고 신기하게도 뜻하지 않았던 헬싱키 여정이 잡히자마자 영화가 머리를 스쳤다. 전혀 기대하지 않았던 따뜻한 위로를 전달해주던 영화의 배경이 헬싱키였으니 당연한 일이었을지도 모른다. 추운 나라일수록 절실한 감성이 신화처럼 깊이 몸에 밴다. 내게 노르웨이, 덴마크, 아이슬란드, 스웨덴 그리고 핀란드를 포함한 북유럽의 이미지는 외로움과 그리움이 절묘하게 혼재돼 있는데, 그 이유가 우연한 기회에 봤던 영화의 영향도 있을 것이라는 생각이 들었다.

나는 사치에 상의 목소리를 따라가 보기로 했다. 버스를 몇 차례 갈아타고 헬싱키 시내로 향했다. 전체 면적의 75%가 산림으로 뒤덮인 핀란드답게 시내로 가는 내내 거친 소나무 숲이 계속 이어졌다. 4월 말이었다. 해가 길게 느껴지더니 백야 기간이 시작되고 있었다. 5월부터 9월까지 백야 현상이 일어나면 핀란드 도시의 낮은 19시간이나 지속됐다. 헬싱키 중앙역 광장에 도착했지만 나의 관심사는 주변 명품숍과 쇼핑거리가 아니었다.

에스플로네이드 공원Esplanade Park에는 따사로운 햇빛 아래 노천 카페에서 차 또는 맥주를 마시는 사람들이 한데 어우러져 즐겁게 담소를 나누고 있었다. 공원 벤치에 앉아 눈 감고 그저 햇살을 즐기는 시민, 책 읽는 학생, 운동하는 젊은이들의 모습을 만날 수 있었다. 근방에 있다는 '카모메 식당'을 찾아 두리번거리는 덩치 큰 동양의 남자가 신기했는지 핀란드 할머니 한 분이 다가와 축지법이라도 쓰는 듯 골목을 빠르게 걸으며 길을 안내해줬다. 거짓말처럼 영화 속에 등장했던 그 '카모메 식당' 앞에 당도한 것이다. 식당 이름은 원래 '카빌라 수오미KAHVILA SUOMI(핀란드 카페)'로 항구 노동자들이 즐겨 찾는 자그마한 식당에 불과했다고 한다. 하지만 영화가 제법 성공하면서 지금은 거의 성지순례처럼 영화의 팬들이 줄을 이었다. 할머니는 즐거운 여행 되라며 엄지손가락을 가볍게 치켜

들고는 바로 자리를 떴다. 나는 쿨내 진동하는 할머니의 뒷모습을 멍하니 바라보았다. 영화 촬영 장소로 입소문을 타고 유명세를 탔으니 외관이 화려할 줄 알았지만 식당은 항구 가까이에 있는 자그마한 레스토랑일 뿐이었다. 영화 포스터 하나가 붙어 있는 정도였다. 긴장이 풀리더니 몹시 허기가 졌다.

식당 안에 들어가 창가 쪽 자리에 앉았다. 맘씨 좋게 생긴 할머니가 시원한 물 한 잔을 가져다주었다. 이곳 핀란드 할머니들은 왜 이리 멋있고 인자한 걸까. 연어 스테이크와 미트볼을 주문하니 삶은 달걀을 띄운 브로콜리 수프를 먼저 내주었다. 한 술 뜨니 진한 크림의 고소한 맛과 브로콜리 향이 어우러져 추위에 굳어있던 몸이 단숨에 녹았다. 스프는 계속 리필해 먹을 수 있었는데 한 번 더 주문했더니 예의 인자한 미소를 띄우며 삶은 계란을 올려주는 할머니의 친절이 참으로 고마웠다.

연어 스테이크는 반드시 먹어보길 추천한다. 핀란드에서 주로 잡히는 어종답게 연어의 풍미는 오감을 만족시키기에 부족함이 없었다. 나는 가니시로 으깬 감자를 선택해 먹었다. 10유로 안팎의 가격으로 간단한 샐러드까지 무제한으로 먹을 수 있고 커피와 음료도 제공해주었다. 직접 만들었다는 수제 맥주는 마치 시원한 피로회복제 같았다. 보리의 향과 적절한 탄산 그리고 과하지 않은 감미가 계속 잔을 기울이게 만들었다. 맥주까지 무료니, 상대적으로 엄청 저렴한 가격임에 확실했다. 핀란드 가정에서 식사 대접을 받은 듯한 푸근함과 포만감을 안고 나는 헬싱키 항구로 나섰다.

사치에 상의 브로콜리 수프

뚜벅뚜벅 두리번두리번
외로움과 그리움이 걸을 때마다
달라붙어
빨리 걸을 수가 없다

세상 어디에 가도
슬픈 사람은 슬프고
외로운 사람은 외롭다는
카모메 식당의 사치에 상이 내놓은
진한 브로콜리 수프

눈물 꾹 참고
후후 불며 마시는 수프 한 수저에
운동화 끈 조여 매고
훌훌 먼지 털며
따가운 햇볕을 볼 용기가 생긴다

에스플로네이드 공원에
비둘기와 나란히
광합성을 즐기는 사람들 틈에서
어느새
외로움과 그리움은
신화처럼 사랑으로 변한다

헬싱키의 카모메 식당

헬싱키에서는 영화 《카모메 식당》이 잔잔한 인기를 얻어 촬영지를 순례하듯 찾는 이들이 많다. 지도를 들고 영화에 등장했던 식당을 찾아 두리번거리는 동양인 여행자를 언제든 쉽게 볼 수 있다. 식당의 원래 이름은 '카빌라 수오미'였다. 이곳의 브로콜리 수프와 연어 스테이크 맛은 영화와 현실의 경계를 허물게 할 만큼 진한 감성을 전달했다. 직접 제조한 수제 맥주 맛도 인상적이었다. 맥주는 무료다.

미얀마

양곤Yangon

선량한 도시

세상 어디를 가도 그 지역의 재래시장을 방문하면 현지인들과 빨리 친해질 수 있다. 나는 이른 아침부터 보족 아웅산 마켓Bogyoke Aung San Market 으로 향했다. 이른 아침 안개 사이로 양곤의 거리에는 전통 치마 롱지 Longyi 를 입은 사람들이 하나둘 눈에 띄었다. 청소를 하는 사람들, 물건을 팔기 위해 준비하는 상인들, 일찍 일터에 나가기 위해 종종걸음 하는 사람들… 양곤의 아침 햇살이 타나카Thanakha를 바른 여인들의 뺨을 느리지만 환하게 비췄다. 타나카는 같은 이름을 가진 나무의 껍질을 맷돌에 갈아낸 반투명한 노란색 반죽을 일컬었는데, 얼굴과 팔, 다리에 바르면 자외선 차단 효과가 있는 데다가 피부가 건조해지는 것을 막아주기 때문에 미얀마 여인들에게는 없어서는 안될 기능성 화장품이나 마찬가지였다. 햇살이 강한 미얀마지만 피부 고운 미인들이 많은 데는 다 이유가 있었다. 처음에는 노란 타나카를 바른 여성들의 인상이 원시 부족의 표식처럼 낯설었지만 수줍은 듯한 그들의 미소와 오버랩되니 아름다워 보이기 시작했다. 아침까지 이어지는 안개 탓인지 타나카 탓인지, 양곤의 풍경은 이방인에게 몽환적으로 다가왔다. 여느 동남아시아 지역의 시끌벅적한 이미지와는 달랐다. 자연과 사람에게서 이토록 때 묻지 않은 순

267

수함이 느껴지는 곳도 흔치 않을 듯했다.

보족 아웅산 마켓은 동대문 평화시장 같은 분위기였는데, 1926년 영국 식민지 시절 양곤의 지방 행정관이었던 스코트의 이름을 따 스코트 시장으로 부르다가 미얀마가 독립하면서 영웅이었던(아웅산 수치 여사의 아버지) 아웅산Bogyoke Aung San의 이름을 따 부르게 됐다. 보족Bogyoke은 장군이라는 뜻이다. 겉모습은 큰 건물들이 성처럼 둘러싸고, 그 안에는 또 하나의 건물들이 있는 '성 안의 건물'처럼 보였다. 안으로 들어서면 마치 미로처럼 얽히고 섥켜 있어 정신줄 놓고 다니다가는 길을 잃기 십상이었다. 마켓의 넓이가 3만m^2에 달하고, 2000여 점포가 밀집해 있으니 언뜻 둘러보는 규모만도 심상치 않았다. 시장은 골동품을 비롯해 수산물, 과일 그리고 트렌디한 소품까지 볼거리와 먹거리가 많아 현지인은 물론 외국인 여행자들에게도 인기 많은 랜드마크였다. 주머니 사정이 넉넉하지 못해도 그저 구경하는 것만으로 양곤의 트렌드를 들여다볼 수 있었다.

재래시장을 둘러보고 곧장 이동한 곳은 로카찬다 파고다Lokachanda Ahabaya Larba Muhni였다. 거대한 대리석 불상이 있는 사원. 좌불의 높이는 15m가 넘고, 무게는 500톤에 이른다. 미얀마 사람들은 건강을 빌기 위해 이곳을 자주 찾는다고 했다.
파고다(사원을 의미)에 들어가기 위해서는 우선 신발을 벗어야 했다. 남자든 여자든 짧은 바지나 치마를 입는 것은 금기사항이었다. 계단을 올라가니 마침내 웅대한 대리석 불상이 한눈에 들어왔다. 유리에 갇혀 있어 아쉬웠지만, 그 위용에 감탄이 먼저 나왔다. 삼삼오오 수다 떨고 있는 여인들이 많았다. 조심스럽게 사진 촬영을 제안하니 수줍게 응해주는 그녀들이 그저 고마웠다. 미얀마 사람들은 남녀노소 가릴 것 없이 표정이 밝고 근심이 없어 보인다고 말을 붙이자, 한 여인이 귀띔해줬다. 미얀마 남자들은 누구나 한 번씩 출가를 하고 그때 터득한 무소유의 성찰을 삶의 지표로 삼는다고.

파고다에는 정성껏 기도를 올리는 사람부터 곱게 차려입고 데이트하는 청춘남녀, 아이까지 동반한 가족 등 모두 저마다의 즐거운 한때를 보내고 있었다. 명상을 해도 좋고 데이트를 해도 좋은 곳. 그런데 양곤의 불교 사원에서는 꼭 자신이 들어온 출입구를 기억해야 한다. 자칫 출입구를 찾지 못하면 맨발로 숙소로 돌아갈 수 있으니 말이다.

양곤은 2005년까지 미얀마의 수도였다. 이후 300km 떨어진 밀림 한가운데 네피도Naypyidaw로 수도를 옮겼지만, 양곤은 여전히 미얀마를 대표하는 최대 도시로 정치, 경제의 중심지 역할을 해내고 있었다. 국민 90%가 불교를 믿고, 나라 전역에 400만 기의 불탑이 흩어져 있는 미얀마는 아직까지 세상과 소통이 원활하지 않은 나라 같았지만 조금씩 서구 자본주의가 스며들면서 폐쇄 정책을 펴던 군부정권도 자본주의에 문을 열기 시작했다. 가뜩이나 부족한 전력난과 물가상승 같은 부작용도 벌써 문제가 되고 있다고 했다. 미얀마의 얼굴 양곤이 언제까지 부처의 온화한 미소를 잃지 않을지 궁금했다.

자본주의 영향으로 착한 미얀마 사람들의 마음이 나쁘게 물들면 어쩌나 하는 노파심까지 드는 걸 보니 어지간히 미얀마와 이 사람들에게 빠져들었나 보다. 주제넘게 넘치는 애정으로 생각이 많아진 탓인지 머리가 복잡해 바람을 쐬러 양곤 항구로 향했다. 공항 다음 가는 물류의 중심지라 했지만 작은 항구의 규모에 나는 적잖이 당황했다. 괜한 걱정을 했던 것인지 모르겠다. 바닷바람은 천천히 불어왔다. 항구 주변에서 낚시하는 사람들과 세팍타크로를 즐기는 소년들의 모습은 그저 정겨울 따름이었다.

타나카

다시 만날 님이 그리워
글썽이는 눈물 자국 벌겋게 물드는 구름 위
애써 구름을 휘이휘이 아니라고 내저어도
갈수록 눈시울이 붉거진다
어떤 님이기에 이토록 깊은 연정 품게 하나
솜사탕 먹다 조각조각 뿌려 놓은 듯 구름 사이로
타나카를 곱게 바른 양곤이 얼굴을 다소곳이 내밀고 있다

타나카를 바른 사람들

뽀얀 얼굴이 미의 기준이라 강한 자외선을 막아주는 나무인 타나카Tanakha를 갈아 얼굴에 바르는 것이 하루의 시작인 미얀마 여인들은 유독 정이 많은 듯했다. 헤어지는 인사를 나누는 동안 금방이라도 터질 것 같은 그녀들의 눈을 바라보며 마음이 따뜻하게 차올랐다.

남아프리카공화국

희망곳Cape of Good Hope

내가 떠나온 이유

케이프 반도Cape Peninsula를 따라 절경을 둘러보기로 한 날이었다. 나는 먼저 캠스 베이Camps Bay를 찾았다. 테이블 마운틴의 12사도 봉우리를 뒤로 하고 대서양 앞바다를 바라보는 언덕 위의 부촌 마을이었다. 클립톤 비치Clifton Beach의 거칠고 차가운 대서양을 전망할 수 있는 주택들은 유럽 부자들에게 인기 많은 별장으로 사용되고 있었다. 캠스 베이 주민들은 대부분 와이너리를 소유한 농장주들과 투자금융 분야에 종사하는 사람들로 자산 규모가 보통 200억 원 정도라 했다. 돈 많은 것이 부럽지는 않았지만, 하얀색 고운 모래가 끝없이 펼쳐진 해변을 독점하고 사는 생활은 솔직히 부러웠다. 나는 벤치에 앉아 광활한 대서양 앞바다를 바라보며 잠시 주변을 둘러봤다.

호트 베이Hout Bay는 숲으로 둘러싸여 있는 만이라는 뜻으로 정말 이름처럼 해안 주변에 울창한 숲을 갖고 있었다. 케이프타운을 세운 얀 판 리비크가 이곳을 보고 탄성을 질렀다는 일화를 들었다. 이곳에서 물개들의 천국 실 아일랜드Seal Island로 가는 배를 탔다. 배 시간이 좀 남아 항구 주변을 둘러보니 다양한 전통 공예품을 파는 노점이 많았다. 남아프리카공화국 어디에나 있는 공예품들이지만 직접 만들었다고 사라는 상인의 유혹에 못 이기는 척 나는 동물 인형을 종류대로 구입했다. 흥정을 잘 했는지는 모르겠지만, 5마리 동물 인형을 들고 기분이 즐거워졌으니 그것으로 만족했다. 다른 기념품숍에서 더 저렴한 가격으로 같은 인형을 팔고 있었지만 후회는 헛웃음과 함께 날려버렸다.

실 아일랜드로 가는 동안 파도가 거친 탓인지 선실 여기저기 멀미를 하는 사람들이 많았다. 나는 일부러 바다를 둘러보며 멀미에 걸려들지 않기 위해 노력했다. 바다 위에 떠 있는 시커먼 형체가 보였다. 물개인 줄 알았는데 다시마였다. 남아공 사람들은 다시마를 먹지 않는다. 다시마가 바다에서 정화 작용을 하기 때문에 그대로 놔둔다는 것이다.

그런데 잠시 후 파도를 타고 다가오는 시커먼 형체는 다시마가 아니었다. 물개였다. 물개 천지였다. 세상에 물개를 이처럼 많이 본 적이 있을까. 바다 위 암초 같은 섬에 셀 수 없이 많은 물개들이 각양각색 포즈로 휴식을 취하고 있었다. 나는 이후 실 아일랜드 사진만 봐도 물개 수백 마리가 내뱉는 울음소리가 들리는 듯했다.

공식 명칭은 희망곶이지만 우리에게는 '희망봉'으로 잘 알려져 있는 역사적인 현장으로 가기 위해 나는 케이프 포인트Cape Point로 들어섰다. 대륙 최남단으로 알려져 있지만 실제로는 최남서로 대서양과 인도양이 만나는 지점을 의미했다. 케이프 포인트로 올라가는 길 양 옆으로 드넓은 초원이 펼쳐지고 있었다. 이곳에서 타조와 얼룩말을 심심찮게 볼 수 있다고 하는데 아쉽게도 눈에 띄지 않았다. 케이프 포인트에서 2km 떨어진 곳에 희망곶이 있었다.

먼저 기차를 타고 케이프 포인트로 올라갔다. 도로 연결 구간에는 개코원숭이를 조심하라는 푯말이 이어졌다. 건드리지만 않으면 괜찮지만 무법자로 불릴 정도로 난폭하다니 무시하는 게 상책이겠다. 정상에 도착하니 1860~1919년까지 사용되던 등대가 나를 반겼다. 등대 바로 앞에 큰 바윗덩이가 있는데 마치 방명록인 듯 온통 낙서로 뒤덮여있다. 도쿄 14724km, 뉴욕 12541km, 베이징 12933km, 파리 9294km 등이 적힌 이 정표도 눈길을 끌었다. 왼쪽은 인도양이고 오른쪽은 대서양인 케이프 포인트에 서니 15~17세기 초까지 전 세계 바다를 누볐던 대항해 시대의 역사적 순간이 그려졌다. 우측으로 희망봉이 보인다.

케이프 포인트에서 내려와 차를 타고 20분 정도를 달리니 'Cape of Good Hope'라는 안내판이 바닷가에 세워져 있었다. 하지만 이곳 전체가 희망봉은 아니었다. 봉우리를 올라야 했다. 경사가 심해서 위험해 보였지만 역사적인 현장을 오르지 않을 수 있을까. 희망이라는 이름의 가파른 돌덩이 사이를 힘들게 올라가니 가쁜 심장소리와 함께 보람도 요동을 쳤다. 두 대양을 아우르는 역사적 현장에 닿은 것이다. 나는 성큼 희망봉에 올라섰다.

1488년 바르톨로뮤 디아스Bartolomeu Diaz가 거센 폭풍우를 헤치고 이곳에 이르렀지만 결국 오르는 데는 실패하고 돌아가 '폭풍의 곳'이라 불렸고,

이후 1497년 인도와 중국으로 무역항로 개척을 꿈꾸던 포르투갈의 희망을 실현시켜준 항해사 바스코 다 가마가 이 봉우리를 지나면서 "드디어 인도로 갈 수 있는 희망이 생겼다"는 말을 남기며 인도 항로를 성공적으로 개척하게 됐다. 당시 노련한 항해사가 느꼈을 벅찬 감동이 조금은 전해지는 듯했다. 물론 바스코 다 가마는 포르투갈 입장에서 보면 영웅이었지만 두 번째 인도행에서 약탈과 살인을 서슴지 않아 인도 사람들에게는 약탈자로 기억되고 있다. 자국의 이익을 위하다 보니 무리수를 두는 경우가 많지만 어쨌든 인도 항로 개척을 통해 동서양의 바닷길이 열렸던 역사의 현장이라는 점만으로도 큰 의미를 가질 수 있겠다. 당시 포르투갈 국왕 마누엘 1세는 바스코 다 가마가 인도로 가는 항로를 개척할 수 있는 희망을 줬다고 치하하고 '희망의 곶'이라 고쳐 부르라고 명령해 희망곶이라 불렸다고 한다. 대서양과 인도양의 물빛이 다른 것을 확인할 수 있는 희망봉에서 날씨가 좋으면 남극까지 볼 수 있다는데 마음이 착한 사람만 볼 수 있다는 현지 안내원의 말에 이내 농담이라는 것을 깨달았다. 그런데 눈을 더 크게 뜨면 혹시 보일지 모른다는 희망에 들떠 나는 몇 번이고 바다 너머를 기웃거렸다.

(위) 물개들의 천국인 실 아일랜드Seal Island. 세상 물개는 다 본 듯하다. (아래) 테이블 마운틴의 12사도 봉우리를 뒤로 하고 대서양 앞바다를 바라보고 있는 언덕 위의 부촌 캠스 베이.

떠남의 이유

오랜 철새들의 날갯짓
힘 빠질 때쯤
불룩 튀어나온 바위 위에 내려앉아
주위를 돌아보니
양쪽의 바다색이 다르다
왼쪽은 카레를 엎은 듯 노랗고
오른쪽은 푸른 잉크를 입은 듯 푸르다
푸드득 푸드득
아직 얼얼한 겨드랑이 풀기 위해
기지개를 한껏 편 후
희망곶이라는 나무 푯말을 딛고
다시 긴 날갯짓을 한다

희망봉의 희망

전 세계 바다를 종횡무진 헤집고 다니던 포르투갈 탐험가 바르톨로뮤 디아스가 발견한 이후, 희망곶은 바스코 다 가마에 의해 유럽에서 인도로 가는 무역로의 역할을 한다. 그칠 줄 모르던 세계를 향한 모험과 도전 정신이 격렬했을 희망봉. 이곳에 올라서면 왼쪽이 대서양, 오른쪽이 인도양으로 두 대양을 품고 서로 다른 바다색을 볼 수 있다. 하지만 대부분 사람들은 희망봉까지 오르지 않고 입간판에서 기념 촬영만 하고 돌아가는 경우가 많은데 꼭 희망봉까지 올라 보기를 바란다. 20분이면 오를 수 있다.

(왼쪽) 희망봉에서 바라 본 대서양과 인도양의 접점. 바스코 다 가마의 범섬이 지나갈 듯하다. (위) 희망봉의 푯말을 배경으로 포즈를 취한 연인.

Epilogue

오늘도 여행이다

'하필, 여행을 떠났다'

왜 '하필'이라는 말을 제목에 썼을까? 보통 '하필'은 의도하던 않던 예상했던 것과 다른 방향으로 흘러가 낭패를 보는 경우를 말한다. 하지만 내가 쓰는 '하필'은 다른 의미다. 1996년 기자를 시작한 이후 다양한 분야의 잡지사를 다녔고, 10년 전 마지막 잡지사라는 마음으로 선택한 곳이 바로 지금 몸 담고 있는 여행지였다. 소소하게 근거리 탐험 정도로 여행을 하던 내게 이 넓은 지구의 세계는 큰 부담이었다. 내가 쓰는 글은 떠나는 사람과 떠나지 못하는 사람 모두에게 여행의 세상을 제대로 보여줘야 한다는 중요한 책임까지 담겨야 했다. 하필 마지막 선택한 분야가 '여행'이었지만, 지난 10년 동안 세계 곳곳을 향한 내 발걸음은 나를 위해서가 아닌 언제나 잡지를 펼치는 독자들을 향해 있었다. 몸을 사리지 않는 탓에 목숨이 위험할 뻔했던 적이 있었고, 본분을 잊을 정도로 다시 제자리로 돌아오고 싶지 않았던 파라다이스의 휴양도 존재했다. 현실과 이상을 오가는 여행의 시간차는 일상 생활에 활력을 주기도, 때로 빼앗기도 하는 복합적인 현상을 가져왔기 때문에 내 마음과 몸이 너덜너덜해지기 일쑤였다. 그래도 내 글과 사진으로 엮은 지면을 펼치는 독자들이 행복하면 되겠다 싶었다.

온천하며 지루한 시간 달래려
고민 한 가득 들고
들어앉았었더니

폭포수에 얼어 붙어가는
수증기 위로
눈이 쌓이는 장관이라니

하필,

요망한 눈 사레에
들고 온 고민에
깊숙이 숨겨놓은 즐거움까지
사르르
온천수에 녹아버리고 마네

일본 야마가타 현에서 온천을 하다가 노천의 폭포가 하얀 눈과 함께 시원한 소리와 멋진 풍경으로 어우러지는 모습을 보고 멍하니 있는 내 모습이 우스워 시를 끄적거렸다. 여기서 '하필'의 의미에는 "생각지도 못했지만 도리어 더 깊은" 감동이 담겨 있다. 이 같은 글의 근간이 이 책 전

반에 스며들어 있다.

변화무쌍, 복잡다변했던 여행의 순간에 담았던 느낌을 모아, 사람들이 여행을 통해 더 행복해지거나, 마음이 덜 다치게 해주고 싶었다. 물론 여행은 지금의 직업을 갖기 전에도 낭만적이고 환상적인 대상이었다. 이 기분 좋은 여행을 일로서 누려야 하니 다소 팍팍한 순간도 생기지만, 여행자의 체험 속에 담긴 감성을 고스란히 글로 담을 수 있었다. 덕분에 일보다는 순수한 여행자의 마음이 되어 바람처럼 세계를 돌아다니며 좋은 여행을 소개하는 일이 내 행복한 소임이 됐다. 10년 동안 세상 곳곳을 다니면서 여행지에서 느꼈던 감정이 기대 이상이었거나 반대로 기대 이하였던 순간은 늘 공존했다. 이 때문에 떠나기 전부터 초긴장 상태가 되기도 했다. 모든 정신과 육체를 한 곳에 집중하고 나면 고단해진 몸과 마음으로 집으로 돌아오지만, 그 강도가 센 만큼 독자들은 더 행복하리라 믿었다.

이렇게 세계를 돌아다니며 쌓아올린 기억의 편린들이 여행을 떠나는 사람들과 수많은 여행 가이드북에 지친 친구들에게 조금의 위안이 되길 바란다. 물론 내가 뭐라고, 책까지 내는지 두려운 마음도 있다. 하지만 거창하고 복잡한 감동까지는 아니더라도 사람들이 여행을 떠날 때 이 글을 읽고 상처받지 않고 행복한 미소와 더 나아가 자신만의 여행을 글로 남길 수 있는 에너지를 얻게 된다면 개인적으로 충분히 행복할 듯하다. 여행의 공간에서 적는 짧은 메모는 수천 장의 여행사진보다 무한한 기억의 압축률을 자랑한다. 모든 것이 아름답지는 않기 때문에 맹목적인 희망은 허무할 수 있다는 점을 말하고 싶다. 누구나 똑같은 곳을 바라보는 시각에서 벗어나 자신만의 이야기를 만들어가는 여행이 되기를 바라는 마음으로 이 책을 내놓는다. 우리는 너무 많은 방대한 정보에 지쳐가고 있다. 여행은 누구의 여행도 아닌 자신만의 여정이어야 한다. 꼭 그렇게 되기를 바라며, 그렇게 될 수 있도록 이 책이 작지만 세상을 향한 자신만의 의미 있는 첫걸음이 되기를 진심으로 바라고 또 바란다.

2019년 봄
여병구

여행자의 시

지혜로운 분들은, 인생은 게임이 아니고 경쟁도 아니라고 말한다. 그 말을 내 식대로 번역하면 한 사람이 모든 세상을 다 겪을 수 없으니 각자의 경험과 추억을 하나로 엮을 때 인생의 둥근 원을 조금씩 채울 수 있을 것이다.

아주 오래 산 것은 아니지만, 이 정도 살고 나니 일생이 일목요연하게 분류되는 순간이 찾아온다. 그럴 때마다 나는 어렸을 때 그랬던 것처럼 자문한다. 나는 무엇을 잘할 수 있을까? 무엇을 좋아할까? 나는 내 인생에 무엇을 원할까? 답은, 하나도 모르겠다. 오직 하지 않은 것, 가지 않은 곳만이 저 모퉁이에서 나를 기다리며 왜 그렇게 게으르냐고 추궁한다.

나는 늘 자신의 다리로 대지를 버티고 서야 한다고 생각한다. 거울의 앞과 뒤처럼 밝음과 어둠, 화려함과 더러움이 동시에 존재하는 거개의 삶은 다 비슷하므로 타인을 부러워하거나 비교하면 안 된다고. 그래서 힘 안 들이고 부자가 된 사람이나 생물학적으로 예쁘게 태어난 사람, 뭘 해도 잘 풀리는 사람들에겐 그다지 관심이 없다. 내가 시기하는 사람은 오직 두 부류다. 우선 책을 많이 읽은 사람. 사람은 예쁜 척 돈 있는 척할 수 있지만 지성은 있는 척할 수 없다. 왜냐하면 입만 열면 밑천이 떨어지니까. 두 번째는 여행을 많이 한 사람이다. 제한된 시공간 속에서 움치고 뛸 수 없는 생활의 질곡으로 괴로워하다가 전국 일주하듯 세계를 다닌 사람을 보면 굳세었던 나의 자존이 흔들리고 마는 것이다.

여병구가 쓴《하필, 여행을 떠났다》는 단순하게는 여행지 편집장이 저널의 관점으로 바라본 관찰기다. 여행을 많이 다녀본 사람이나, 죽기 전에 꼭 가봐야 하는 여행지라는 식의 강박적 캐치프레이즈에 쫓겼던 사람이라면 저절로 머릿속에 담고 있을 세계의 명승고적이 다채롭게 포진되어 있다. 그런데 조금 더 들여다보면 우리에게 익숙한 여행기의 패턴과는 조금 다르다. 오줌으로 영역 표시하는 동물처럼 사진 찍는 것으로 끝나는 유람이나 인문학적이고도 지적인 과시, 참기름 냄새처럼 물씬 풍기는 감상성, 해탈 직전의 심오한 명상을 대하면 여행을 가기도 전에 고단한 생각이 먼저 든다. 그런데《하필, 여행을 떠났다》에서는 단순한 여행지에서 맞는 일이라고 하기에는 보다 희귀하고 더욱 찬란한 순간들이 넘실댄다.

이를테면 여병구는 노르웨이 시르케네스에서 북극권에 살지 않는 한 평생 한 번도 볼 수 없는 오로라를 '헌팅'하고, 아드리아 해를 마주한 슬로베니아의 피란에서는 방금 잡은 생선 비늘 냄새 속에서 진한 커피를 마신다. 카타르 도하 사막에서 4륜구동 크루저를 타고 익스트림 스포츠를 즐기다 갑자기 펼쳐진 페르시아 만을 보며 넋을 잃는가 하면, 쿠바 아바나에 가서는 "나의 모히토는 라 보데기타에, 내 다이키리는 엘 플로리디타에 있다"던 헤밍웨이를 회상하며 그가 미국으로 돌아가기 전까지 살았던 집을 방문한다.

눈이 일본에서 가장 많이 내리는 요코테에서 사케를 마시며 있는 그대로의 설국을 흠향한 뒤에는 소설 《달과 6펜스》와 《리턴 투 파라다이스》의 무대인 사모아 해변에서 돗자리를 깔고 열대의 하늘을 쳐다보다 에메랄드빛 바다를 한가하게 헤엄친다. 이윽고 인도양 모리셔스에서 쉴 새 없이 고개를 흔드는 사탕수수밭의 바람소리를 들으며 무인도였던 과거로 그대로 타임슬립하는 것이다.

어떤 장소에서 우리가 느끼는 것은 눈에 보이는 풍경만은 아니다. 왜냐하면 우리는 잠시 머물렀던 공간을 숙독하고 해체한 다음 자기만의 고유한 스토리로 만드는 상상력이 있기 때문에. 이 책을 읽다 보면 방황의 순간마다 나무 이파리의 잎맥까지 내면화시킨 헤르만 헤세의 온기 있는 기록이 가끔 떠오른다. 저자가 여행지에서 보고자 하는 것 역시 단순한 경탄이나 시든 감상이 아니다. 여병구는 미얀마 바간의 쉐산도 파고다에 올라 다른 행성에 뚝 떨어진 것 같은 일몰을 보며 이렇게 생각한다. "희망을 바라는 사람마다 하늘을 향해 탑을 쌓는다면 해가 가리어져 세상은 오히려 어두워지겠지." 이 책은 어쩌면 여행을 한다는 사실이 선물하는 시와 같다. 왜냐하면 진짜 시는 손닿지 않는 높은 곳에서 깔보는 대신, 우리에게 다른 세상의 뒤편을 보게 하는 안내자이기 때문에.

이충걸 작가

미얀마 인레 호수의 어부들의 투망은 자신의 삶을 낚고 이방인의 시선까지 낚는다.

하필,
여행을 떠났다

2019년 04월 10일 1판 1쇄 인쇄
2019년 04월 10일 1판 1쇄 펴냄

지은이 여병구
펴낸이 김철종 박정욱
편집 정명효 김효진 **디자인** 최예슬 **마케팅** 손성문
인쇄 제작 정민문화사

펴낸곳 노란잠수함
출판등록 1983년 9월 30일 제1 - 128호
주소 110 - 310 서울시 종로구 삼일대로 453(경운동) KAFFE빌딩 2층
전화번호 02)701 - 6911 **팩스번호** 02)701 - 4449
전자우편 haneon@haneon.com **홈페이지** www.haneon.com

ISBN 978-89-5596-868-2 03900

이 도서의 국립중앙도서관 출판예정도서목록(CIP)은 서지정보유통지원시스템
홈페이지(http://seoji.nl.go.kr)와 국가자료공동목록시스템(http://www.nl.go.kr/kolisnet)에서
이용하실 수 있습니다.(CIP제어번호: CIP2019010017)